中庸講疏兩種

唐文治
顧寶　撰

李喬學　整理

中華書局

圖書在版編目（CIP）數據

中庸講疏兩種/唐文治,顧實撰;李爲學整理. —北京:中華書局,2019.2
ISBN 978-7-101-13580-0

Ⅰ.中…　Ⅱ.①唐…②顧…③李…　Ⅲ.①儒家②《中庸》–研究　Ⅳ.B222.15

中國版本圖書館 CIP 數據核字（2018）第 264951 號

蘭州大學“雙一流”建設資金人文社科類圖書出版經費資助

書　　名	中庸講疏兩種
撰　　者	唐文治　顧　實
整 理 者	李爲學
責任編輯	黃飛立
出版發行	中華書局
	（北京市豐臺區太平橋西里 38 號　100073）
	http://www.zhbc.com.cn
	E-mail:zhbc@zhbc.com.cn
印　　刷	北京瑞古冠中印刷廠
版　　次	2019 年 2 月北京第 1 版
	2019 年 2 月北京第 1 次印刷
規　　格	開本/850×1168 毫米　1/32
	印張 7⅛　插頁 2　字數 131 千字
印　　數	1-4000 冊
國際書號	ISBN 978-7-101-13580-0
定　　價	32.00 元

整理前言

編者近年來因致力於編輯整理民國時期學者陳柱的遺著，逐步接觸并了解到無錫國學專修學校（以下簡稱"無錫國專"）這一民國時期的學術團體，并且意識到這一學術團體的治學傳統與學術成果頗值得我們注意。無錫國專由唐文治先生在 1920 年創建，辦學宗旨立爲"正人心，救民命"。據無錫國專畢業生馮其庸先生回憶，國專的辦學特點主要有二：一、主要繼承了傳統書院制的方式；二、教學以原典爲主，不用概論或者選本，强調吟誦。無錫國專能够培養出一大批文史人才，與它的宗旨和教學方式都有關係。現在重新研究無錫國專這段歷史及其學術成果，對於我們思考如何推進當前的中國古典教育具有借鑒意義。特別是在各大高校言必稱"國際化"的情况下，研究傳統治學特點以及書院制的組織方式，仍然是艱難推進中國思想道路的必由之路。

無錫國專教育成功的另一原因就是主持者唐文治的學術思想格局。他"常欲造就領袖人才"，認爲"辦天下之大事者,有天下之大節者也"(蘇軾語)。造就能够任天下之重的人才,是唐文治教育的首要目標。這個目標最爲集中體現在他對於儒家根本經典的解釋之中。本書編輯的即爲唐文治與顧實無錫國專時期的《中庸》講疏。另一國專學人陳柱也有《中庸注參》《中庸通義》行世,但因已收入《陳柱集》,此編故不收入。

　　唐文治,生於 1865 年,卒於 1954 年,字穎侯,號蔚芝,晚號茹經。年少時從理學家王祖畬治學,二十一歲入江陰南菁書院,師從黃以周、王先謙,一生治學、事功皆有功業。著作除了收入本集的《中庸大義》外,還有《十三經提綱》《茹經堂文集》《性理學大義》《論語大義》《孟子大義》《大學大義》《尚書大義》等行世。唐文治認爲《大學》《中庸》兩書互爲表裏,爲曾子、子思一脉相傳之學,"二書不獨爲道德之指歸,且皆爲政治之要領也"。他主張讀二書當"事事返諸實踐,不可徒托空言。倘侈談鳶飛魚躍之靈機、德性問學之宗派,甚至縋幽絶險,好大喜功,不誠不明,乃生心而害政,則是《中庸》之罪人也。"(《十三經提綱·中庸》)可見,以他的治學路數絶不認爲空談性理爲正宗,這個傳統跟他的老師黃以周有共同之處。黃以周以禮學見長,并重漢宋,而落脚在實學上。唐文治對於儒家經典的解讀也往往有這個特點,特別是在對於《中庸》的解讀上,他認爲徹上、徹下必須同時强調,不能只强調一點而忽略另外一點。這個特點使得唐文治的《中庸》

解讀具有不失古人大體的特點，同時也生動活潑。在他的讀法裏，《中庸》絕不是已經失去生命力的經典。唐注以朱熹的章句爲主，但是也不迷信朱子，同時參考了黃以周以及孫奇峰、李顒、陸世儀等人的注，解讀的路子不偏離他經世致用的關切。《中庸大義》按照《茹經先生自訂年譜》記載，應成于丁巳年十二月（1918年初）唐文治五十三歲之時，我們整理依據的底本是民國十三年（1924）吳江施肇曾醒園刻《十三經讀本》本。我們依照這個底本作了標點整理，并在文末附上《茹經堂文集》中關於《中庸》的四篇短文，這樣，唐文治關於《中庸》的文章就基本收錄進來了。

顧實，生於1878年，卒於1956年，字惕生，江蘇武進人。曾任教於東南大學、無錫國專，主要著作有《莊子天下篇講疏》《論語講疏》《大學鄭注講疏》《漢書藝文志講疏》《穆天子傳西征講疏》《楊朱哲學》《中國文字學》。顧實的《中庸鄭注講疏》與唐文治不同，主要依照漢人鄭玄注，分章也是按照自己的理解分爲十六章，每章之前各加章名。顧實宗主漢學的立場非常鮮明，在講疏中對于朱熹的注有不少否定之處。與唐文治一樣，顧實強調《中庸》與《易》的聯繫。這也是清儒長期討論的問題，從惠棟到魏源都有專文論及。但是，顧實更加強調的是《中庸》由隱至顯的徹下之路："'自誠明，謂之性。自明誠，謂之教。'此實形上、形下之關鍵，亦即徹上、徹下之工夫。"顧實強調這一說法根源自司馬遷："《春秋》推見至隱,《易》本隱以之顯。"也就是《中庸》與《大學》不同,乃主要爲徹下之學。顧實所論另一個特點是以"中""庸"二字來自《周禮·大司樂》中的"中和、祇庸、孝友",認爲中庸實際上是"樂德"。顧實的解釋除了强調形而上的隱微部分,更加强調"教"的部分,而這一部分就是唐文治也未曾忽視的"人道即政治"的部分。從這個意義上來講,顧實的解讀方法讓我們更覺得他接近于荀子之學或者齊學的路子。這一點與唐文治不盡相同。顧實《中庸鄭注講疏》的本子有兩個:其一是登載於 1935 年《國專月刊》第二卷一到三號的本子;其二是題爲"至誠山人叢書"的本子,這個本子的出版方爲中央政治學校,1937 年出版。兩個本子文字略有出入,我們主要依據較爲晚出的"至誠山人叢書"本。值得説明的是,顧實的本子無論分章還是標點,都主要由他自己裁定。有一些標點也不同於通行本,我們在校點的時候,除了將民國時期的標點符號改爲現代通行的標點,對於顧實的斷句,儘量依照他的理解作了保留。

　　《中庸》是儒家的根本經典,如何解讀,關涉重大。説得嚴重一點,塑造何等的士風是直接由對經典的不同解讀造成的。之所以將唐文治與顧實的講疏放在一起,首先即在於兩位先生不失大體的治學眼光。這一點在專業化的今天并不容易做到。當然,兩位注者因爲時代的局限,對於西學的了解不如今天,造成了面對自然科學的時候比較忸怩的態度,也不能過分苛求。中西之變尚未完成，即便我們今天想看清也未必容易。

　　最後，原稿中的异體字、舊字形均作了符合今天規範的處理。本書在整理過程中，得到了甘肅省圖書館古籍部邵正春先生的學術支持，在此謹致謝忱。由於整理者功力淺薄，不免有錯漏之處，誠盼讀者不吝賜教，使得整理工作能够不斷改進。

整理者
二〇一八年四月

總 目

中庸大義

唐文治　撰

中庸大義序

《中庸》其準《周易》而作乎？《易》上經首《乾》《坤》言天道，下經首《咸》《恒》言人道，而《中庸》常兼天道、人道而言。《易》以山、澤、雷、風、水、火子天地，《中庸》則以山、水配天地，水、土媲天時。《易》言"自强不息"，《中庸》則言"至誠無息"。《易》言"遯世無悶""不見是而無悶"，《中庸》則言"遯世不見知而不悔"。《易》言"庸言之信，庸行之謹"，《中庸》則言"庸德之行，庸言之謹"。《易》言"素履之往，獨行願"，《中庸》則言"素其位而行，不願乎其外"。《易》言"學以序之，問以辨之，仁以行之"①，《中庸》則言"博學之，審問之，明辨之，篤行之"。《易》言"厚德"，言"恒久"，《中庸》則言"博厚"，言"悠久"。《易》言"致一"，《中庸》則言"不貳"。《易》言"與鬼神合其吉凶""知鬼神之情狀"，《中庸》則言"體物而不可遺""質諸鬼神而無疑"。大哉《易》也！至哉《中庸》也！天道之奥，人道之本，其悉備於此乎！

---

① 《易·乾·文言》："君子學以聚之，問以辯之，寬以居之，仁以行之。"

　　原人之所以配天者，漢董子《春秋繁露》曰："爲人者天也。人之形體，化天數而成；人之血氣，化天志而仁；人之德行，化天理而義；人之好惡，化天之暖清；人之喜怒，化天之寒暑。"又曰："身猶天也。天以終歲成人之身，故小節三百六十六，副日數也；大節十二分，副月數也；內有五藏，副五數也；外有四肢，副四時數也；乍視乍瞑，副畫夜也；乍剛乍柔，副冬夏也；乍哀乍樂，副陰陽也；心有計慮，副度數也；行有倫理，副天地也。"余按：董子之説精矣。人之生也，心爲熱度，象溫帶；背爲冷度，象寒帶；脉絡血行，象川流。豈非尤明徵哉？然而更有進。人之神明，分天之神明也。是以《易》曰："財成天地之道，輔相天地之宜。"《中庸》則曰："盡人性，盡物性，贊天地之化育。"天地之大也，人猶有所憾。孰覺其憾？人覺之也。孰彌其憾？人彌之也。憾無窮期，覺之、彌之者亦無止境也。此皆人之責，而心之神明爲之也。故曰："人者，天地之心也。"吾心之喜怒哀樂，渾渾焉，沌沌焉，忽焉而清明之，鼇然而各當焉；發而爲刑賞慶罰，絃絃焉，逐逐焉，忽焉而整理之，廓然而大公焉。"天叙有典"，"天秩有禮"，"天命有德"，"天工人其代之"，"致中和，天地位，萬物育"，皆原於天命之性，故曰"配天"。

　　人人有配天之責，而卒至於違天、悖天、弃天、絕天。子思子憫焉，於是發明天之道、人之道。"人之爲道而遠人，不可以爲道"，此蓋遙承乎《周易》之言天道、人道。孟子得子思子傳，曰："人之爲道也，逸居無教，則近於禽獸。""人之所以异於禽獸者幾希。"又曰："仁也者,人也。合而言之,道也。"此蓋遙承乎《中庸》之言人道。痛乎哉！春秋之爲戰國,非一朝夕之故也。世衰道微,人善其所私學,士游談而不根,楊朱、墨翟之言盈天下,貪利險詐之徒,軒然無所顧忌。於是争民施奪,殺機日開,"争地以戰,殺人盈野;争城以戰,殺人盈城",仁義充塞,人將相食。六王畢,秦政出,焚書坑儒,而人道遂掃地以漸滅,痛乎哉！《周禮》有言曰："國有鳥獸,行則獮之。"①天道生人而愛人,然人既自居於禽獸,則天亦無所施其愛,不得不禽畜而獸息之,禽獮而獸剃之。子思子憫焉,特於《中庸》開卷大書曰："天命之謂性,率性之謂道,修道之謂教。"是性也,人性也;是道也,人道也;是教也,教人以爲人之道也。是故《中庸》一書,皆人道之教育也。

人之爲道,孝而已矣。孝者,不學而能之良能,不慮而知之良知,即夫婦之愚不肖,可以與知而能行者也。"宜爾室家,樂爾妻孥","父母其順矣乎",爰推極於虞舜之大孝,武王、周公之達孝。"父在觀其志","視於無形,聽於無聲";"父殁觀其行","喪則致哀,祭則致嚴"。嚴,肅敬也。"事死如事生,事亡如事存","明則有禮樂,幽則有鬼神",洋洋乎盛哉,孝之至也。反是而"不順乎親,不信乎朋友",父母不以爲子,則朋友疏之,人且絕之矣。蓋《孝經》之至德要道,基於和睦無怨,而君子之本立道生,始於不犯上,不作亂,和順

---

① 《周禮·夏官·大司馬》："外内亂,鳥獸行,則滅之。"

之氣與橫逆之氣，豈不較然大分哉！凡人處家庭之際，周旋父母之間，曷爲而有悱惻纏綿之情，與夫愉快、踴躍、依戀、思慕之致，皆良知良能之所發也。天命之性，性斯生矣，生則惡可已也；修道之教，教斯孝矣，德之本也，教之所由生也。擴而充之，則有以立天下之大本，可以保四海而致太平矣。故曰："思事親，不可以不知人；思知人，不可以不知天。"此蓋人道之根於天命，教育者當引其固有之知能也。

　　人之爲道，誠而已矣。誠之之道，慎獨而已矣。《大學》八條目，以修身爲本，而修身必以誠意爲本，誠之爲功大矣。"質諸鬼神而無疑，百世以俟聖人而不惑"，誠也；"肫肫其仁，淵淵其淵，浩浩其天"，誠也；"維天之命，於穆不已"，誠也；"文王之德之純"，亦誠也。君子所以"戒慎不睹，恐懼不聞"，必由隱以達見，由微以達顯者，豈好爲迂拘哉？察吾心之誠僞，即察吾心之善惡也。正學榛莽，飾僞朋興，小人閑居爲不善，無所不至，見君子而後厭然。甚至以奸邪險詐之行，托爲光明正大之言，必經人再思之，三思之，四五思之，而後知其爲詐，知其爲險，知其爲奸邪。嗚呼！人道至此，社會寧有正直之士，寰宇詎有清明之望耶？且夫主持人道者，樂人之生，不樂人之死，然而死者多而生者少。夫天下生者多而死者少，而吾反言之者，吾所謂生死，在乎心之理與氣，而不在乎身，在乎心之精神，而不在乎形體。誠者，心之理氣輔以行者也，理昧没而氣亦滅。誠者，心之精神也，精神存而百事興，精神亡而形乃徒存。是故誠僞之界，生死之關也。誠者，自成也，“物之終始，不誠無物”。穀梁子曰：“不若於言者，人絕之也。”天下豈有不誠而可成爲言者？天下豈有不誠而可成爲人者？古人有言“作僞日拙”，吾謂日拙亦云幸矣。苟一念不誠，而禍害即隨之，此主持人道者所當大聲疾呼以救之者也。

人之爲道，禮義而已矣。禮義之始，根於“天叙”。《左氏傳》劉子曰：“人受天地之中以生，所謂命也。是以有動作、禮義、威儀之則，以定命也。”“命”即天命之性也，“中”即喜怒哀樂未發之中也，“動作、禮義、威儀之則”即率性之道也。又曰：“勤禮莫如致敬”，“敬在養神”。養神之道，內以慎獨，外以行禮。“齊明盛服，非禮不動”，所以養神也；“禮義三百，威儀三千”，皆所以養神也。敦厚崇禮，豈惟君子當然，上下皆由之。“居上不驕，爲下不倍”，禮也；“言足以興，默足以容”，合乎禮也；“愚而好自用，賤而好自專”，悖乎禮也；“動而世爲天下道，言而世爲天下法，行而世爲天下則”，動容周旋，悉中乎禮也。人道有禮則安，無禮則危。君子所以納民於軌物，而天下之所以長治而久安者，禮義而已。乾坤開闢以來，狉狉榛榛，俗尚質野。迄乎唐虞之世，“敬敷五教”，“彝倫攸叙”，而五倫始定：君臣也，父子也，夫婦也，昆弟也，朋友之交也。五者天下之達道也，天地之常經，不可得而變革者也。末俗澆漓，人心紕繆，乃敢昌言廢弃人倫，於是父子相殘，君臣相殺，夫婦相睽，兄弟交相瘉，朋友交相傾軋，而人道益苦，天下大亂。嗚呼！古之聖人爲禮教人，惟欲人之自別禽獸；後之妄人弃禮誣民，惟恐人之或异於禽獸。子思子痛後世之流弊，故特揭之曰"行同倫"。蓋人之所以爲人者，倫也。《相鼠》之詩曰："人而無禮，胡不遄死。"人而無倫，何以爲禮，更何以爲人？然則主持人道者舍人倫禮義，奚以救世哉？

　　人道教育，政治而已矣。子曰"人道敏政"，惟人道有以敏政，亦惟政有以敏人道，二者相爲表裏者也。爲政在人，取人以身，九經先修身，修身之道，中和而已。《易傳》言"純粹""中正""保合太和"，中和之時義大矣哉！在上者之喜怒哀樂與夫一顰一笑，消息之幾，皆關係天下之治亂，而上應乎天時。治世之陰陽寒暑，俱不愆期，亂世之陰陽寒暑，舉失其時者，何也？天下皆中和之氣，則陰陽寒暑行以漸，發而爲和風甘雨也；天下皆乖戾之氣，則陰陽寒暑行以驟，發而爲疾風暴雨也。《洪範》："休徵：曰肅，時雨若。""曰聖，時風若。"肅者，敬得其中也；聖者，通得其和也。"咎徵：曰狂，恒雨若。""曰蒙，恒風若。"狂者惑，失其中也；蒙者隔，失其和也。好風好雨，百穀用成，豈幸致哉？皆中和也。天地之大，人猶有憾，非天地果有憾也，人事爲之也。聖人知天地之憾，必以中和之道挽救之、彌補之，是故戒慎恐懼而罔敢懈。盡人性，盡物性，中和也。"經綸天下之大經，立天下之大本，知天地之化育"，中和也。由闇然內省，推而至於"不動不言，不賞不怒，篤恭而天下平"，中和也。"無聲無臭"，中和之至也。孟子紹述子思子學，曰："有不忍人之心，斯有不忍人之政。"

“人人親其親，長其長，而天下平。”中和之至也。後世違乎中而爲偏，悖乎和而爲激，愈偏則愈激。事變之顚倒，偏爲之也；風潮之湔洞，激爲之也。一心一意之差，而百姓受其毒，悲夫！“王天下有三重焉，其寡過矣乎。”“雖有其德，苟無其位，不敢作禮樂焉。”禮樂者，萌柢於中和者也。孔子“上律天時，下襲水土”，中之至也。“萬物并育而不相害，道并行而不相悖”，和之至也。鄭君釋“天下至聖”節，三嘆言之，曰：“傷孔子之有其德而無其命也。”雖然，《中庸》之學説傳諸萬世，其猶奚傷也！雖然，《中庸》之學説後之人無有能信守之者，其能無傷也！歲在屠維協洽痾月唐文治自序。

中庸大義

中庸

孔氏冲遠云：按鄭《目錄》云："名曰《中庸》者，以其記中和之爲用也。庸，用也。孔子之孫子思伋作之，以昭明聖祖之法。此於《別錄》屬《通論》。"

先師黄氏元同云：中者，無過不及之名，民所受天地以生，是性之體也。其用之在人，謂之庸。庸，常也，用也。愚按：訓庸爲用，最爲精實。蓋《中庸》乃最有用之學，故以"位天地，育萬物，參贊化育"爲極功。《尚書》"天工人代"，即其義也。

天命之謂性，率性之謂道，修道之謂教。

朱注：命猶令也，性即理也。天以陰陽五行化生萬物，氣以成形，而理亦賦焉，猶命令也。於是人物之生，因各得其所賦之理，以爲健順五常之德，所謂性也。率，循也。道，猶路也。人物各循其性之自然，則其日用事物之間，莫不各有當行之路，是則所謂道也。修，品節之也。性道雖同，而氣稟或异，故不能無過不及之差，聖人因人物之所當行者而品節之，以爲法於天下，則謂之教，若禮、樂、刑、政之屬是也。

先師黃氏元同云：孔子曰："天地之性，人爲貴。""人者，其天地之德，陰陽之交，鬼神之會，五行之秀氣也。"天以是氣賦於人，而理即具於其中，《烝民》詩所謂"有物有則"，初無理氣之可分也。《春秋左氏傳》曰："民受天地之中以生，所謂命也。"則天命者，命此中；謂之性者，性其中也。中爲物之則，故《傳》又曰："是以有動作、禮義、威儀之則，以定命也。"孔子曰"夫有物必有則"，即率性之說也。性稟五行之秀氣，其存諸內者，曰仁、禮、義、信、智之五德，亦曰五性；其見諸外者，曰君臣、父子、兄弟、夫婦、朋友之五倫，亦曰五達道；道之推廣於家、國、天下、民人者，曰禮、樂、刑、政，其教也。愚按：《春秋穀梁傳》曰："人之於天也，以道受命；不若於道者，天絕之也。"①若，順也。凡生於天地之間者，皆曰命。天以生物爲心，故人各得其生生之理以爲性。率性非任性之謂也，率其固有之善而行之，使人人各得若其生生之性，是乃所謂道也。因一人之道，推而至於天下共喻其道，而學校立焉，所謂教也。性、道、教三字，專屬諸人，朱注兼人、物說，恐非。

陸氏桴亭云：或問：《中庸》言"率性之謂道"，故論性須是言義理精微之性方可率，若夾雜氣質，安可率？曰：今人

---

① 《春秋穀梁傳・莊公元年》："人之於天也，以道受命；於人也，以言受命。不若於道者，天絕之也；不若於言者，人絕之也。臣子大受命。"

看率性，率字大錯。朱子曰"率，循也"，由也，言物各由其性
之自然，則莫不有道，所以明道本在吾性中。孟子所謂"非由
外鑠我，固有之"之意也。今人却看作率意"率"字，動稱不
學不慮，此釋氏"手持足行，無非道妙"之說，而學者不察，輒
爲所惑，哀哉。

**道也者，不可須臾離也，可離非道也。是故君子戒慎乎其所
不睹，恐懼乎其所不聞。**

　　鄭注：道，猶道路也，出入動作由之，離之惡乎從也？小
人閑居爲不善，無所不至也。君子則不然，雖視之無人，聽之
無聲，猶戒慎恐懼自修正，是其不須臾離道。

　　朱注：道者，日用事物當行之理，皆性之德而具於心，無
物不有，無時不然，所以不可須臾離也。若其可離，則豈率性
之謂哉？是以君子之心常存敬畏，雖不見聞，亦不敢忽，所以
存天理之本然，而不使離於須臾之頃也。

　　先師黃氏元同云：道出於性，人無智、愚、賢、不肖，皆具
此性。性不可離，亦安可離道？"不可"者，警戒之詞，非言
道體。愚按：師說至警切。道所以率吾性而存天命也，須臾
離道，即戕賊其性而悖天命也，故又曰"可離非道也"。《左
氏傳》劉子曰："勤禮莫如致敬。""敬在養神。"《孟子》曰："存
其心，養其性，所以事天也。"戒懼慎獨，所以養神而事天也。
然則君子之功，豈偏於靜乎？曰：不然，此特言其體爾。曰
"戒慎乎其所不睹"，則其所可睹者，戒慎更可知也。曰"恐

懼乎其所不聞"，則其所可聞者，恐懼更可知也。

陸氏桴亭云：或問：聖人亦戒慎恐懼否？曰：聖人明德常明，堯兢舜業，如何不戒慎恐懼？曰：聖人不思不勉，如何又須戒慎恐懼？曰：惟其戒慎恐懼，故能不思不勉。戒慎恐懼，即明德常明。至誠無息也，惟無息，故有弗思，思之即得；有弗行，行之即中。一息則不能不思不勉矣。君子未能時時戒慎恐懼，而勉爲戒慎恐懼，所以期至於無息也。

李氏二曲云：或問：識性方能率性，若不先有以識之，雖欲率，何從率？曰：識得識是誰識，即知率是誰率。識得良知即是性，依良知而行，不昧良知，即是率性，即是道。知良知之在人未嘗須臾離，則知道原未嘗離，形雖有不睹不聞之時，而良知未嘗因不睹不聞而稍離。所以戒慎恐懼者，不使良知因不睹不聞而稍昧也。

莫見乎隱，莫顯乎微，故君子慎其獨也。

朱注：隱，暗處也。微，細事也。獨者，人所不知而己所獨知之地也。言幽暗之中，細微之事，迹雖未形，而幾則已動，人雖不知，而己獨知之，則是天下之事無有著見明顯而過於此者。是以君子既常戒懼，而於此尤加謹焉，所以遏人欲於將萌，而不使其潛滋暗長於隱微之中，以至離道之遠也。

先師黃氏元同云："莫見乎隱"二句，申明所以戒慎恐懼之意。凡人祇知不睹不聞，隱耳微耳，不知此隱微中，人屬爾垣，鬼瞰爾室，其爲顯見莫是過焉。故君子必慎其獨。獨者，不睹不聞之地。慎，即戒慎恐懼也。愚按：《周易》大義，一消一息。消者正所以爲息也，故隱者正所以爲見也，微者正所以爲顯也。周子曰："幾，善惡。"又曰："動而未形，有無之間者，幾也。"又曰："誠精故明，神應故妙，幾微故幽。"蓋聖人者，誠而神者也；君子者，善審幾者也。幾者，當念慮初起之時，善者則擴而充之，惡者則遏而絕之。故《易傳》曰："幾者，動之微，吉之先見者也。"《中庸》言"率性之道"，以至於"不動而敬，不言而信"，其功皆本於慎獨；《大學》言誠意正心，以至修齊治平，其功亦皆本於慎獨。未有不慎獨而能修己者也，未有不慎獨而能治人者也。"十目所視，十手所指"，此曾子相傳之學說也。自後人破"慎獨"二字以爲空虛，而詐僞無忌憚之小人遂盈天下。夫揜其不善而著其善，人之視己如見其肺肝，然此不足以欺人也，自欺而已，且不僅自欺也，欺天而已。欺天者不若於道，則天絕之矣。吾願後世君子深體力行，發明慎獨之學說，其於今日世界，或能有所挽救乎？

李氏二曲云：或問：《中庸》以何爲要？曰：慎獨爲要。因請示"慎之"之功。曰：且勿求知慎，先宜知獨，獨明而後慎可得而言矣。曰：《注》言："獨者，人所不知而己所獨知之地也。"曰：不須引訓詁，須反己實實體認。凡有對，即非獨，獨則無對，即各人一念之靈明是也。天之所以與我者，與之以此也。此爲仁義之根，萬善之源，徹始徹終，徹內徹外，更無他作主，惟此作主。"慎之"云者，"朝乾夕惕"，時時畏敬，不使一毫牽於情感，滯於名義，以至人事之得失，境遇之順逆，造次顛沛，生死患難，咸湛湛澄澄，內外罔間而不爲所轉，夫是之謂慎。

喜怒哀樂之未發，謂之中；發而皆中節，謂之和。中也者，天下之大本也；和也者，天下之達道也。

鄭注：中爲大本者，以其含喜怒哀樂，禮之所由生，政教自此出也。

朱注：喜怒哀樂，情也。其未發，則性也，無所偏倚，故謂之中。發皆中節，情之正也，無所乖戾，故謂之和。大本者，天命之性，天下之理皆由此出，道之體也。達道者，循性之謂，天下古今之所共由，道之用也。此言性情之德，以明道不可離之意。

先太夫子黃氏薇香云："喜怒哀樂之未發，謂之中"，其未與物接之時乎？"發而皆中節，謂之和"，其既與物接之時乎？愚按：李延平先生教人觀"喜怒哀樂未發氣象"，朱子初年得力於此。迨作中和舊說，稍變其旨，實則學者涵養未能深邃，若觀"喜怒哀樂未發氣象"，於主靜功夫，最爲有益。"發而皆中節"，所謂"聖人之喜，以物之當喜；聖人之怒，以物之當怒"是也。故曰："聖人之常，以其情順萬事而無情。"衆人縱其欲而汩其情，則平旦之好惡，有梏亡之矣。愚嘗作《易微言》篇云：人事之吉凶悔吝，由於人心之喜怒哀樂相配而成。吉字有喜，故喜之字從吉。然喜者傷生，不可過也，故吉者不可恃也。"志，氣之帥也"，氣體之充也。理爲心之主，氣爲心之奴。人之心專以氣用事，奴者主之，未有不亡身破家者也，是爲大凶。悔恨多而哀感生，然哀者，清明之氣也。兩軍相見，哀者勝矣。有悔，斯可以貞也。吝者，羞也。樂不可極，樂而不止，未有不至於吝者也。人心之喜怒哀樂，萬有不齊，故人事之吉凶悔吝，亦變遷而無定，皆配之以其分者也。《中庸》曰："喜怒哀樂之未發，謂之中。"未發之性，卦畫之未成爻者也。畫而成爻，是爲已發之情。六十四卦、三百八十四爻，皆歸於《既濟》定，所謂"發而皆中節"者也。天下之大本，不外乎陰陽剛柔之性；天下之達道，不外乎陰陽剛柔之情。悉得其當，黃帝、堯、舜垂衣裳而天下治者，蓋取諸《乾》《坤》之消息也。

李氏二曲云：喜怒哀樂未發時，性本湛然虛明。已發氣象一如未發氣象，即是太和元氣。又云：未發時此心無倚無著，虛明寂定，此即人生本面目，不落有無，不墮方所，無聲無臭，渾然太極。延平之"默坐體認"，認乎此也；象山之"先立其大"，先立乎此也；白沙謂"靜中養出端倪"，此即端倪也。未識此，須靜以察此；既識此，須靜以養此。靜極而動，動以體此；應事接物，臨境驗此。此苟不失，學方得力，猶水有源、木有根，有源則千流萬派，時出而無窮；有根則枝葉暢茂，條達而不已：此之謂"立天下之大本"。然靜不失此易，動不失此難。今吾人此心，往往爲事物紛挐，靜時少，動時多，而欲常不失此，得乎？須屏緣息慮，一意靜養，靜而能純,方保動而不失,方得動靜如一。

又按:近儒陳氏蘭甫云:子思子但説"喜怒哀樂未發之謂中",未嘗説思慮未發,未嘗説聞見未發也。不喜不怒不哀不樂之時,凡人皆有之,不必説到言外盡頭也。此説較諸李氏,一則極其虚靈,一則極其切實,各有見地,各有體驗,未可因此而廢彼也。

致中和,天地位焉,萬物育焉。

朱注:致,推而極之也。位者,安其所也。育者,遂其生也。自戒懼而約之,以至於至靜之中,無少偏倚,而其守不失,則極其中而天地位矣。自謹獨而精之,以至於應物之處,無少差謬,而無適不然,則極其和而萬物育矣。蓋天地萬物本吾一體:吾之心正,則天地之心亦正矣;吾之氣順,則天地之氣亦順矣。故其效驗至於如此。此學問之極功,聖人之能事,初非有待於外,而修道之教亦在其中矣。

先師黄氏元同云:以率性之道,推而廣之於人。致中於未發,而思喜怒哀樂如何得其節;致和於已發,而求喜怒哀樂如何合乎中。至天地得其位,萬物被其育,中和之極致,即修道之教之極致也。愚按:聖人盡性之學,衹在"致中和"。王者之刑賞慶罰,制禮作樂,皆本於喜怒哀樂。因一人之中和,而使萬物各得其所,中和之時義大矣哉! 朱子曰:"吾之心正,則天地之心亦正矣;吾之氣順,則天地之氣亦順矣。"愚少時嘗疑其説,後悟朱子此説,實本於《洪範》,蓋指為人上

者而言。《洪範》"曰休徵：曰肅，時雨若；曰乂，時暘若。""曰
聖，時風若。"此即所謂致中和，天地位，萬物育者也。"曰咎
徵：曰狂，恒雨若；曰僭，恒暘若。""曰蒙，恒風若。"此不能致
中和，天地不能位，萬物不能育者也。然則爲人上者，可不戒
懼乎哉？

朱子云：右第一章。子思述所傳之意以立言：首明道之
本原出於天而不可易，其實體備於己而不可離；次言存養省
察之要；終言聖神功化之極。蓋欲學者於此反求諸身而自得
之，以去夫外誘之私，而充其本然之善，楊氏所謂一篇之體要
是也。其下十篇，蓋子思引夫子之言，以終此章之義。

愚按：此章言性情教育，推原天命，實即人道教育也。
人道以性情爲本，《大學》言"修身在正心"，不外乎去好、樂、
忿、懥諸弊。言"齊家在修身"，不外乎去哀、矜、敖、惰諸弊。
孟子言良心，則曰："平旦之氣，其好惡與人相近也者幾希。"
可見修齊治平之道，以治性情爲最要。性情一有所偏，或流
於乖戾，或流於浮囂，或失之因循，或失之畏葸，以之修身，
則爲自誤，以之教人，則爲誤人，而天下因此胥受其害，此
人道之蠹也，可不謹與？《孝經》曰："天下和平，災害不生，
禍亂不作。"故明王治天下，必先致中和。而致中和之功，
必先慎獨。一二人知慎獨，則一二人之心術正；千萬人知
慎獨，則天下人之心術正。然則天下之學，固莫大乎慎獨，
而言人道教育者，必以性情爲本，言性情教育者，必以此章
爲首務也。

仲尼曰："君子中庸,小人反中庸。"

鄭注：庸,常也,用中爲常道也。反中庸者,所行非中庸,然亦自以爲中庸也。

君子之中庸也,君子而時中;小人之中庸也,小人而無忌憚也。

朱注：君子之所以爲中庸者,以其有君子之德,而又能隨時以處中也。小人之所以反中庸者,以其有小人之心,而又無所忌憚也。蓋中無定體,隨時而在,是乃平常之理也。君子知其在我,故能戒謹不睹,恐懼不聞,而無時不中。小人不知有此,則肆欲妄行,而無所忌憚矣。

先師黄氏元同云：子思既引夫子言以結上意,又申其義曰"君子之中庸也",以其人爲慎獨之君子,而又能隨時用中。小人亦自以爲中庸也,以其人爲反中庸之小人,而初無所忌憚也。然則中庸以戒慎恐懼而行,以無忌憚而滅,子思一再咏嘆,其意深長矣。《釋文》云王肅本作"小人之反中庸也",非。愚按：小人惟自以爲中庸,故無忌憚。"小人之中庸"句,自不當增"反"字。雖然,小人而自以爲中庸也,是猶知有中庸也;小人而迂視乎中庸,而以爲不必行中庸也,則更無忌憚之尤者也。嗚呼! 小人之中庸也,此風蓋已古矣。竊願世之小人幡然悔悟,敬畏天命,皆化而爲君子也。

孫氏夏峰云：君子之中庸與小人之中庸,外表略同。祇君子通體戒懼,無須臾之不中,純是未發氣象,故發皆中節,所謂時也。小人不知天命之可畏，全無忌憚，作用彌似，本體愈非，所以曰"反中庸"。"反"字正從"似"上看出。然非聖人不能辨，蓋亂先王之法而破先王之道者，非闒茸猥瑣之流，正慮此無忌憚者之混迹於時中也。

陸氏桴亭云：時中，率性也，無時而不敬也。無忌憚，不敬也，不敬則不能率性矣。

朱子云：右第二章。變"和"言"庸"者，游氏曰："以性情言之，則曰中和；以德行言之，則曰中庸。"是也。然"中庸"之"中"，實兼中和之義。

子曰："中庸其至矣乎！民鮮能久矣！"

鄭注：鮮，罕也。言中庸爲道至美，顧人罕能久行。

朱注：過則失中，不及則未至，故惟中庸之德爲至。然亦人所同得，初無難事，但世教衰，民不興行，故鮮能之，今已久矣。《論語》無"能"字。

先師黃氏元同云：特揭中庸"鮮能"，以領下數節之意，明民之過與不及之多也。注以"能久"連讀，即下"不能期月守"之意。近讀皆以"鮮能"爲句。愚按：依近讀爲是，此"鮮能"與下文"鮮能知味"同。蓋天下過者爲橫民，不及者爲懦民，世必多能中庸之國民，而後天下可望其平。故教育國民，必以中庸爲主。《王制》："廣谷大川異制，民生其間者異俗。修其教，不易其俗；齊其政，不易其宜。"修教、齊政，皆所以導民於中庸也。

李氏二曲云：民苟自依良能而行，是自率其性，任天而動，即是天民。否則自弃其天，自囿於凡，即是凡民，縱事事咸能，適以喪其良能，總是“鮮能”。

朱子云：右第三章。

子曰：“道之不行也，我知之矣，知者過之，愚者不及也；道之不明也，我知之矣，賢者過之，不肖者不及也。”

朱注：道者，天理之當然，中而已矣。知、愚、賢、不肖之過不及，則生稟之異，而失其中也。知者知之過，既以道爲不足行；愚者不及知，又不知所以行，此道之所以常不行也。賢者行之過，既以道爲不足知；不肖者不及行，又不求所以知，此道之所以常不明也。

愚按：周子《通書》云：“性者，剛柔善惡，中而已矣。”蓋知、愚、賢、不肖，其剛柔之性，皆有所偏。故聖人立教，俾人自易其惡、自至其中者，不外劑其剛柔之偏，是以無過不及也。此教育之要旨也。

“人莫不飲食也，鮮能知味也。”

鄭注：罕知其味，謂愚者所以不及也。過與不及，使道不行，惟禮能爲之中。

先師黃氏元同云：“莫不飲食”，孟子所謂“終身由之”是也；“鮮能知味”，孟子所謂“不知其道者衆”是也。愚按：《大學》云：“心不在焉，食而不知其味。”可見失中者皆由於放心，心放而形骸爲虛設。然則心之靈覺，豈不要哉？生人之學，莫大乎心理，心理得其中，天下之能事畢矣。《禮記·仲尼燕居篇》論"師也過，商也不及"，子曰："禮乎禮！夫禮所以制中也。"是鄭注所本。

　　朱子云：右第四章。

子曰："道其不行矣夫！"

　　鄭注：閔無明君教之。

　　朱注：由不明，故不行。

　　愚按：聖人平生，惟以行道爲志。故《禮運篇》曰"大道之行也，與三代之英"，三代之英，中庸之士也。惜乎世多無忌憚之小人，沮阨中庸之道，是以道終不行。雖然，道之在人心，終不可泯也，在教育者一提倡之而已。漢董生曰："孔子爲魯司寇，諸侯害之，大夫壅之。孔子知言之不用，道之不行也，是非二百四十年之中，以爲天下儀表。"此即行道之志、創道之功也。

　　朱子云：右第五章。

子曰："舜其大知也與！舜好問而好察邇言，隱惡而揚善，執其兩端，用其中於民，其斯以爲舜乎！"

　　鄭注：兩端，過與不及也。用其中於民，賢與不肖皆能行之也。

　　朱注：舜之所以爲大知者，以其不自用而取諸人也。邇言者，淺近之言，猶必察焉，其無遺善可知。然於其言之未善者則隱而不宣，其善者則播而不匿，其廣大光明又如此，則人孰不樂告以善哉！兩端，謂衆論不同之極致。蓋凡物皆有兩端，如小大厚薄之類，於善之中又執其兩端，而量度以取中，然後用之，則其擇之審而行之至矣。然非在我之權度精切不差，何以與此？

先師黃氏元同云：執中，即中庸之義。庸者，用其中爲常道也。注意上節“道其不行”，“閔無明君教之”，此舉舜之用中，使其民無賢不肖皆能行之，以示明君教民之極致。愚按：孟子贊舜曰：“善與人同，舍己從人，樂取於人以爲善。”又曰：“取諸人以爲善，是與人爲善者也。故君子莫大乎與人爲善。”蓋自來好善之君，無過於舜。“好問”，好聞善言也。“好察邇言”，好察善言也。“隱惡”，欲化惡以爲善也。“揚善”，欲人之益勉爲善也。執兩用中，賢與不肖皆能行以止於至善也。《論語》引堯之戒舜曰“允執其中”，言執兩端之中，非執空虛之理也。蓋舜之好善，至誠而已矣。下文云：“誠者，非自成己而已也，所以成物也。”“成己，仁也”，蓋未有專見己之善而能成己者也；“成物，智也”，蓋未有專見人之不善而能成物者也；“性之德也，合外內之道也”，蓋率性之道，合人己而爲善者也；“故時措之宜也”，此其所以爲大知也，蓋“自誠明，謂之性也”。孟子曰：“鷄鳴而起，孳孳爲善者，舜之徒也。”士未有不好善而可以入於道者。虛心窮理，皆爲善之根基也。

李氏二曲云：舜之所以爲舜，全在好問好察。吾人不能好問好察，其病有二：一則安於凡陋，未嘗以遠大自期；一則自高自大，恥於屈己下人。二病若除，自然好問好察。又云：知好問好察，用中於民是大智，則知不問不察、師心自用是大愚。

朱子云：右第六章。

子曰：「人皆曰予知，驅而納諸罟擭陷阱之中，而莫之知辟也。人皆曰予知，擇乎中庸而不能期月守也。」

朱注：罟，網也；擭，機檻也；陷阱，坑坎也，皆所以揜取禽獸者也。期月，匝一月也。言知禍而不知辟，以況能擇而不能守，皆不得爲知也。

先師黃氏元同云：舜之好問察言，尚不敢自謂“予智”。予智自雄者，皆妄人也。愚按：予智者，好自用之心也。士之所以不能入於善者，皆曰“予智”而已矣。以“罟擭陷阱不能辟”喻“擇乎中庸不能守”者，蓋人既不能信依中庸，乃日以機械變詐爲事，以己之機心，召天下之殺機，必致納於罟擭陷阱以死。是以機心自殺也，可哀也。若既擇乎中庸矣，乃爲世俗所轉移而不能守，機械之心亦得以乘之，久亦納諸罟擭陷阱之中，雖追悔而已無及。是盲從以蹈於死機，因以自殺者也，尤可哀也。此皆“予智”之心誤之也。

孫氏夏峰云：陸氏象山謂“名利如錦覆陷阱，使人貪而墮其中”，此語形容最切。又云：“與溺於利欲之人言猶易，與溺於意見之人言却難。罟擭陷阱能撺取禽獸者,餌昏之也;禍機能陷人者,利昏之也;隱怪能誤人者,意見昏之也。"

朱子云:右第七章。

子曰:"回之爲人也,擇乎中庸,得一善,則拳拳服膺而弗失之矣。"

朱注:回,孔子弟子顏淵名。拳拳,奉持之貌。服,猶著也。膺,胸也。奉持而著之心胸之間,言能守也。

愚按:《易·繫辭傳》云"善不積不足以成名",爲善要在於能積,得而弗失,則積於心矣。一時而積一善,一日不知積幾許善矣;一日而積數善,一歲不知積幾許善矣。修德在此,成名亦在此。拳拳服膺者,誠懇之至也,此顏子之心學也。《易傳》:"子曰:顏氏之子,其殆庶幾乎! 有不善未嘗不知,知之未嘗復行也。《易》曰:不遠復,无祗悔,元吉。"《論語》:"子曰:回也其心三月不違仁。"仁者,善之長也。蓋顏子惟能常存此心,不違於仁,故能守而弗失。若心偶放,則失之矣。世之人終日放其心,甚至得一惡而服膺之,其不入於罟擭陷阱者幾希矣。是故一心之操舍,善惡之界也;一念之善惡,生死之界也。

朱子云:右第八章。

子曰:"天下國家可均也,爵祿可辭也,白刃可蹈也,中庸不可能也。"

朱注:均,平治也。三者亦知、仁、勇之事,天下之至難也，然皆倚於一偏，故資之近而力能勉者，皆足以能之。至於中庸，雖若易能，然非義精仁熟而無一毫人欲之私者，不能及也。三者難而易，中庸易而難，此民之所以鮮能也。

愚按：朱子訓均爲平治，恐非。平治天下，必歸諸中庸之士，此言"天下國家可均"者，蓋謂均貧富之產業也。強均貧富，則必均職業，夫人之職業可均乎？欲均職業，則必均聰明才智，夫人之聰明才智可均乎？斯議一興，憤激不平之徒出，不奪不饜，天下將大亂矣。悲夫！《詩》云："受爵不讓，至於已斯亡。"孟子云："勇士不忘喪其元。"辭爵祿，蹈白刃，豈非天下至難之事？然須知人人皆以辭爵祿爲心，則事業誰復擔任之者？人人皆以蹈白刃爲心，則激烈之徒連踵，游俠多而天下亦亂矣。故惟得其中，而後均天下國家、辭爵祿、蹈白刃，於義無所虧缺，於情無所偏著。苟失其中，則均天下國家、辭爵祿、蹈白刃，非爲名即爲利，非爲利即爲意氣，雖爲一時無識者所推許，而流弊無窮，深可惜也。雖然，聖人云"中庸不可能"，未嘗云終不可能。中庸者，秉於生初者也，自在教育國民者涵養薰陶，善劑其偏，庶幾中庸之士出，而彼之均天下國家、辭爵祿、蹈白刃者，亦皆進於範圍而不至流於偏僻矣。《禮記·禮運篇》云："外戶而不閉，是謂大同。"其中庸之世乎？

李氏二曲云：事功、節義，人若能一一出之至性，率自平常，而胸中絕無事功、節義之見，方是真事功、真節義、真中庸。誰謂中庸必離事功、節義而後見耶？有此事功、節義，方足以維名教，振頹風。若誤以迂腐爲中庸，則"中"爲執一無權之"中"，"庸"爲碌碌無能之"庸"，人人皆可能，人人皆中庸矣，何云不可能也？

朱子云：右第九章。

子路問强。

朱子注：子路，孔子弟子仲由也。子路好勇，故問强。

愚按：强種、强國、强家、强身，皆聖賢豪傑之事也。故顧氏亭林云："《洪範》六極，六曰弱。鄭康成注：愚懦不毅爲弱。故子路問强。"

子曰："南方之强與？北方之强與？抑而强與？"

鄭注：言三者所以爲强者异也。抑，辭也。"而"之言"女"也，謂中國也。

愚按：鄭注以"而"爲中國，恐非。此所謂"而强"者，非指地利而言，指道德之矯氣習而言也。

"寬柔以教，不報無道，南方之强也，君子居之。"

朱注：寬柔以教，謂含容巽順以誨人之不及也。不報無道，謂橫逆之來，直受之而不報也。南方風氣柔弱，故以含忍之力勝人爲强，君子之道也。

愚按：寬柔以教，以寬柔爲教也。老子曰："以天下之至柔，馳騁天下之至剛。"斂藏退守，南方之强似之。

"衽金革,死而不厭,北方之强也,而强者居之。"

朱注:衽,席也。金,戈兵之屬;革,甲胄之屬。北方風氣剛勁,故以果敢之力勝人爲强,强者之事也。

愚按:《史記·游俠列傳》曰:"設取予然諾,千里誦義,爲死不顧世。"言自設取予然諾之標準,千里外稱誦高義,雖死不顧世俗之論。北方之强似之。

"故君子和而不流,强哉矯! 中立而不倚,强哉矯! 國有道不變塞焉,强哉矯! 國無道至死不變,强哉矯!"

鄭注:流,猶移也。塞,猶實也。國有道,不變以趨時;國無道,不變以辟害。有道、無道一也。矯,强貌。

愚按:君子者,不囿於方隅者也。處世以和爲貴,然和而流,則與衆人皆濁矣。惟"和而不流",所以爲中庸之道也。孟子曰"中天下而立",中立不倚,有特立獨行之概,不隨世俗爲俯仰,所以爲中庸之道也。"不變塞焉","至死不變",是篤信乎中庸之學,而守死善道者也。如何而能不變?則出處隱見當審其幾焉。《易·乾》之《象傳》曰:"天行健,君子以自强不息。"此四者,皆所以自强也。無論南方之强、北方之强,皆當以是陶鎔之也。

胡氏雲峰云:流字、倚字、變字,皆與强字相反。不流、不倚、不變四不字,有骨力,是之謂自强。南北以勝人爲强,其强也,囿於風氣之中。君子以自勝爲强,純乎義理而出於風氣之外,此變化氣質之功,所以爲大也。

朱子云：右第十章。

子曰："素隱行怪，後世有述焉，吾弗爲之矣。"

朱注：素，按《漢書》當作索，蓋字之誤也。《前漢·藝文志》：孔子"索隱行怪，後世有述焉，吾不爲之矣"。顏師古曰："索隱，求索隱暗之事。"索隱行怪，言深求隱僻之理，而過爲詭異之行也。然以其足以欺世而盜名，故後世或有稱述之者。此知之過而不擇乎善，行之過而不用其中者也，聖人豈爲之哉？

愚按：索隱者，老子所謂"恍兮惚兮，其中有物；窈兮冥兮，其中有精"，莊子所謂"至道之精，窈窈冥冥；至道之極，昏昏默默"是也。行怪者，如陳仲子之辟兄離母，王安石之囚首喪面而談詩書是也，此其質蓋偏於剛勝者，老莊亦因剛極而柔。深可惜也。"吾弗爲之"，以中庸之道準之也。

"君子遵道而行，半塗而廢，吾弗能已矣。"

朱注：遵道而行，則能擇乎善矣；半塗而廢，則力之不足也。此其知雖足以及之，而行有不逮者也。已，止也。聖人於此，非勉焉而不敢廢，蓋至誠無息，自有所不能止也。

愚按：人之生也，同得天命之性，莫不秉有聖賢豪傑之才，亦莫不負有聖賢豪傑之志。然而縱橫數萬里，上下數千年，其能成就爲聖賢豪傑者，億萬中曾不得一二，何哉？大率誤於半途而廢也。其始也，亦嘗立志遵道而行；而其終也，則懈怠而廢焉。學問無成，行詣不立，事功中輟，皆由於自廢，此其質蓋偏於柔勝者，尤可惜也。"吾弗能已"，以中庸之道策之也。

"君子依乎中庸，遯世不見知而不悔，唯聖者能之。"

愚按：《論語》曰"依於仁"，依者，言相依而不失，不可須臾離也。《易·乾卦·文言傳》曰："遯世无悶，不見是而无悶。"惟"不見是而无悶"，乃能"不見知而不悔"。悶者，悔之漸也。我之道德充裕，且可行先知先覺之事業，而世乃不以爲是，如是而无悶焉，乃所以爲潛德也。孔子又曰："不易乎世，不成乎名；樂則行之，憂則違之，確乎其不可拔，潛龍也。"蓋道者，在我者也；知者，在人者也。見知不見知，於我無絲毫之損益也。既有確乎不拔之定識定力，猶安有悔於其心者哉？《論語》首章曰："人不知而不愠，不亦君子乎？"其末章曰："不知命，無以爲君子也。"聖人之學，以不求人知爲第一義。彼索隱行怪之徒，固誤於求知，即半塗而廢之人，亦誤於求知，何也？蓋索隱行怪者，在於立异以求表暴；至遵道而行之人，一有求知之念，馳心外慕，其道即半塗而廢矣。是以本經末章，以"闇然日章"爲求道之初基，而又以"無聲無臭"爲道之極致也。聖乎聖乎，豈終不可能乎？

孫氏夏峰云：遯世與避世別，避世必隱，遯世不必隱。君子有中庸之德，不大聲色，人自與之相違，如天山之兩相望而不相親，故曰遯。聖人則不悔而已，老氏"知希""我貴"，多一層意思，去中庸之道遠矣。

朱子云：右第十一章。

君子之道，費而隱。

朱注：費，用之廣也。隱，體之微也。

愚按：門人陳氏柱尊云：費者，明也，《楚辭·招魂》注："費，光貌。"廣也。《荀子·勸學篇》："地見其光。"劉台拱云："光，廣也。"隱者，細也，見《廣韻》。匿也。見《玉篇》。此極合古訓。鄭注以此二語連屬上章，非是。

夫婦之愚，可以與知焉，及其至也，雖聖人亦有所不知焉；夫婦之不肖，可以能行焉，及其至也，雖聖人亦有所不能焉。天地之大也，人猶有所憾。故君子語大，天下莫能載焉；語小，天下莫能破焉。

愚按："夫婦之愚，可以與知"，良知也；"夫婦之不肖，可以能行"，良能也。愛親敬長，匹夫匹婦亦能知之而能行之也。及其至而聖人亦有所不知，蓋物理之繁賾，聖人有所不及知也；及其至而聖人亦有所不能，蓋人功物曲之巧妙，聖人亦有所不及能也。雖然，聖人不必求盡知，不必求盡能也，惟務盡人之性，盡物之性，以彌世間之缺憾而已。人所憾於天地，張子《西銘》所謂"罷癃殘疾煢獨無告者"是也。聖人財成天地之道，輔相天地之宜，當爲天地彌其缺憾者也。至於天地位、萬物育，而人可無憾矣。故君子語之大者，謂天下載籍所不及載，博之至也；此謂語之大，非謂道之大也。語之小

者,天下莫能破其説,精之至也;此謂語之小,非謂道之小
也。所謂"致廣大而盡精微"也,即所謂"費而隱"也。

門人陳氏柱尊云:聖人者,以聖人責己,以衆人責人。
以聖人責己,故一人之飢,曰我飢之也;一人之寒,曰我寒之
也;匹夫匹婦有不被堯、舜之澤者,若己推而内之溝中。此聖
人之所憾也。以衆人責人,故人之憾與不憾,聖人不之計也。
亦足備一説。

《詩》云:"鳶飛戾天,魚躍於淵。"言其上下察也。

朱注:《詩·大雅·旱麓》之篇。鳶,鴟類。戾,至也。
察,著也。子思引此詩以明化育流行,上下昭著,莫非此理之
用,所謂費也。然其所以然者,則非見聞所及,所謂隱也。

愚按:古人引《詩》,皆觸類旁通,而不囿於一事。如《論
語》子貢引《詩》"如切如磋,如琢如磨",以喻貧而樂道,富而
好禮。子夏引《詩》"巧笑倩兮,美目盼兮",而即悟"禮後"是
也。此節言物各循其性之自然,所謂"率性之道"也。蓋言鳶
而道在於鳶也,言魚而道在於魚也。然言鳶而道不限於鳶
也,言魚而道不限於魚也。蓋言鳶而鳶之類道無不在也,言
魚而魚之類道無不在也。且言鳶而非鳶之類道無不在也,言
魚而非魚之類道無不在也。"言其上下察也",見物之各循其
性而得其所也。王符《潛夫論·德化篇》引此詩而申之曰:
"君子修其樂易之德,上及飛鳥,下及淵魚,無不歡忻説豫。"
此聖人之德,化育萬物之全功也,至是而尚復何憾乎?

君子之道，造端乎夫婦，及其至也，察乎天地。

愚按：有天地然後有萬物，有萬物然後有男女，有男女然後有夫婦。故《周易》下經首《咸》《恒》，咸、恒者，夫婦之大義也；上經首《乾》《坤》，乾、坤者，天地之大義也。"君子之道，造端乎夫婦，及其至也，察乎天地"，盡人道以通乎天道也。易三百八十四爻歸於《既濟》定，盡人合天之道無不賅，而其費其隱者，無不悉得其當矣。

朱子云：右第十二章。

愚按：先儒釋此章多破碎支離，或托於元妙。竊謂説經以實事求是爲要，故均無取焉。

子曰："道不遠人。人之爲道而遠人，不可以爲道。"

朱注：道者，率性而已，固衆人之所能知、能行者也，故常不遠於人。若爲道者厭其卑近以爲不足爲，而反務爲高遠難行之事，則非所以爲道矣。

愚按：道者，人性也，人倫也，未有悖人性、外人倫而可以爲道者也。老子曰："道可道，非常道。"常者，尚也。彼以可道爲非尚道，尚、上通。是違道而遠人也。仁義者，人道也。《莊子》曰："仁義又奚連連如膠漆纆索而游乎道德之間爲哉？"韓子曰："凡老子之所謂道德云者，去仁與義言之也，一人之私言也。"吾儒之所謂道德云者，合仁與義言之也，天下之公言也。合仁與義言之者，道不遠人也；去仁與義言之者，違道而遠人也。

"《詩》云：'伐柯伐柯，其則不遠。'執柯以伐柯，睨而視之，猶以爲遠。故君子以人治人，改而止。"

朱注：《詩·豳風·伐柯》之篇。柯，斧柄。則，法也。睨，邪視也。言人執柯伐木以爲柯者，彼柯長短之法，在此柯耳。然猶有彼此之別，故伐者視之，猶以爲遠也。若以人治人，則所以爲人之道，各在當人之身，初無彼此之別。故君子之治人也，即以其人之道還治其人之身，其人能改，即止不治。蓋責之以其所能知能行，非欲其遠人以爲道也。張子所謂"以衆人望人則易從"是也。

愚按：執柯伐柯者，所執者已成之柯也，所伐者未成之柯也，故猶以爲遠也；若人則稟性皆同，實無彼此之別，故不遠也。且執柯伐柯，非任木之性也，必待於繩削也，故猶遠也；若以人治人，則任人之性也，無待於繩削也，故不遠也。且執柯伐柯，不能爲再三之改也，再三改而柯受傷矣；若以人治人，則雖爲再三之改，而其人仍可進於道也，故改而即止也。

"忠恕違道不遠，施諸己而不願，亦勿施於人。"

朱注：盡己之心爲忠，推己及人爲恕。違，去也。道，即其不遠人者是也。施諸己而不願，亦勿施於人，忠恕之事也。以己之心度人之心，未嘗不同，則道之不遠人者可見。張子所謂"以愛己之心愛人則盡仁"是也。

愚按：中心爲忠，謂内盡其心也；如心爲恕，推己之心亦如人之心也。《論語》孔子告曾子"一貫",而曾子釋以忠恕者,謂人與己爲一貫也。説見《大學大義·絜矩》節。施諸己而不願,亦勿施於人,絜矩之道,天下之公理也。人生當世,己與人本無所間,惟有形骸之隔,而私意起焉;私意一起,浸至悖人道而不顧。惜哉!惜哉!"己所不欲,勿施於人",循公理而已矣。公理者,道也。不願者勿施於人,則其所願者能施於人可知也。孔子曰:"夫仁者,己欲立而立人,己欲達而達人。能近取譬,可謂仁之方也已。"爲仁之方,爲人之道也,此人道教育之最要者也。

"君子之道四,丘未能一焉:所求乎子,以事父未能也;所求乎臣,以事君未能也;所求乎弟,以事兄未能也;所求乎朋友,先施之未能也。庸德之行,庸言之謹,有所不足,不敢不勉,有餘不敢盡;言顧行,行顧言,君子胡不慥慥爾。"

朱注:求,猶責也。道不遠人,凡己之所以責人者,皆道之所當然也,故反之以自責而自修焉。庸,平常也。行者,踐其實;謹者,擇其可。德不足而勉,則行益力;言有餘而訒,則謹益至。謹之至,則言顧行矣;行之力,則行顧言矣。慥慥,篤實貌。言君子之言行如此,豈不慥慥乎!贊美之也。凡此皆不遠人,以爲道之事。張子所謂"以責人之心責己則盡道"是也。

先師黄氏元同云:《韓詩外傳·四》曰:"有君不能事,有臣欲其忠;有父不能事,有子欲其孝;有兄不能敬,有弟欲其從令。言能知於人而不能自知也。"《章句》讀子、臣、弟、友句,與《韓詩》合。慥之言蹵,自急敕也。愚按:子、臣、弟、友,皆人倫之道也。未能者,謙辭也。《易·乾卦·文言傳》曰"庸言之信,庸行之謹,閑邪存其誠",與此相發明。行庸德,謹庸言,則進於誠矣。《孝經》所謂"言滿天下無口過,行滿天下無怨惡"是也。"有所不足,不敢不勉",指行而言,恥躬之不逮也;"有餘不敢盡",指言而言,"慎言其餘,則寡尤"也。君子之道,與其言浮於行也,毋寧行浮於言。"故天下有道,則行有枝葉;天下無道,則言有枝葉。"士君子一己之言行,而天下之有道無道係焉。故曰:"言行,君子之所以動天地也,可不慎乎?"慥慥,先師訓爲蹵蹵。《論語》曰"學如不及",又曰"子路有聞,未之能行,惟恐有聞",皆敏速之義。雖與朱注不同,而亦足以策學者。

門人陳氏柱尊云:《莊子·齊物論篇》釋庸字云:"庸也者,用也;用也者,通也;通也者,得也。"此云庸德、庸言,謂於用世而無不通、無不得者也。父慈子孝,兄友弟共,行之於身,則爲庸德,宣之於口,則爲庸言。然德雖庸,行之於身而易忽;言雖庸,告之於人而易誇。忽,故於德也常不足;誇,故於言也常有餘。世之小人,不知求諸己,而常欲求諸人。不知求諸己,故虧德而不自知;常欲求諸人,故多言以欺世,是以言愈有餘而德愈不足。君子則反是。知夫言之易爲也,是以謹之而不敢盡,蓋"恥躬之不逮"也;知夫德之難盡也,是以勉之而惟恐其不足,故"戒慎乎其所不睹,恐懼乎其所不聞"也。是以言彌謹而德彌宏，故曰："言顧行，行顧言，君子胡不慥慥爾。"然則君子小人之判，固在乎力行，而不在乎多言矣。世之能言而不能行者，其亦知所愧夫。

朱子云：右第十三章。

君子素其位而行，不願乎其外。

朱注：素，猶見在也。言君子但因見在所居之位而爲其所當爲，無慕乎其外之心也。

愚按：《易·艮卦·大象傳》曰："君子思不出其位。"位者，天之所命，人之所以自立也。思出其位，則行出其位。行出其位，則違天之命，既無以自立，即無以爲人矣。《履》卦之初爻曰："素履往，无咎。"《象傳》曰："素履之往，獨行願也。"素履者，所謂素位而行也。獨行願者，無慕乎在外之紛華，而獨行我本心之所願也。此《履》卦所以爲德之基也。

素富貴，行乎富貴；素貧賤，行乎貧賤；素夷狄，行乎夷狄；素患難，行乎患難。君子無入而不自得焉。

鄭注：自得，謂所鄉不失其道。

愚按：天命謂性，率性謂道。吾自樂吾之天，養吾之性，修吾之道，故曰自得，非因入富貴、貧賤、夷狄、患難之境而始有所得也。然而天懷之淡定，經富貴、貧賤、夷狄、患難之境而愈覺光明，則其所自得者愈深矣，故"無入而不自得"。吾心之功夫，無止境也。

孫氏夏峰云：人生適意之境，止有一富貴，其餘意外之遭，皆拂逆也。拂逆者不能堪，故多冀望於非分之獲，以寄愉快。不知非分之獲，亦與喪其所有者同害，況未必獲乎？君子於此有道焉：一日有一日之位，一位有一位之行。境雖逆，有道以居之，雖逆，順也；境雖順，無道以居之，雖順，逆也。此素位之君子所以無入不自得也。

在上位不陵下，在下位不援上，正己而不求於人，則無怨。上不怨天，下不尤人。

愚按：惟不陵下者始能不援上，亦惟不援上者始能不陵下。諂人者常驕人，不驕亦必不諂矣。惟正己始能不求，亦惟不求乃所以爲正。天下之有求於人者皆邪心也，皆邪行也，未有求人而能正己者也。逢人即有求，所以多怨。不怨不尤，其功端在於正己。此君子之所以自修，即樂天養性之學也。

故君子居易以俟命，小人行險以徼幸。

鄭注：易，猶平安也。俟命，聽天任命也。險，謂傾危之道。

朱注：徼，求也。幸，謂所不當得而得者。

愚按：《易·繫辭傳》曰："夫乾，天下之至健也，德行恒易以知險。"蓋天下之迷途多矣，而自君子居之則皆易也，自小人行之則皆險也。何也？蓋世界中固無所謂易，無所謂險也，視乎吾之心而已。君子處世常覺其易者，心乎義也。義者，天下之正路也。心乎義，則其心易，而其境無不易矣。小人處世常覺其險者，心乎利也。利者，天下之危道也。心乎利，則其心險而其境無不險矣。孟子曰：“修身以俟之，所以立命也。”君子之道，始於知命，繼而安命以俟命，又繼而立命，至於終則能造命矣。徼幸者之於富貴，亦或暫時得之，乃不久而大險隨之矣。嗟乎！人之處世，其願處於平安乎？抑願處於危險乎？欲知易與險之分，無他，義與利之間也。

子曰：“射有似乎君子：失諸正鵠，反求諸其身。”

朱注：畫布曰正，棲皮曰鵠，皆侯之中、射之的也。子思引此孔子之言，以結上文之意。

愚按：孟子曰：“射者，正己而後發。發而不中，不怨勝己者，反求諸己而已矣。”曰正己，曰不怨，皆取本經之義。惟反求諸身，所以能不怨也。而孔子云似者何也？似者，似焉而已。蓋民生而有血氣，則不能無爭。射者，有形之爭；名利者，無形之爭。然而射者之反求諸身，其志在於正鵠也；君子之反求諸身，其志非在於名利，蓋在於道德，在於學問也。故曰似也。

朱子云：右第十四章。子思之言也。凡章首無“子曰”字者放此。

君子之道，辟如行遠必自邇，辟如登高必自卑。

愚按：此以孝道通天下，道必始自家庭之際也。本經下篇云“立天下之大本”，鄭君彼注云：“大本，《孝經》也。”蓋孝者發於天性，爲人道所最先。仁民愛物，基於親親；推恩四海，始於老老。下篇言“不順乎親，則不信乎友，不獲乎上”，又言“惟天下至誠，爲能盡其性；能盡其性，則能盡人之性，盡物之性”。“盡其性”者，盡孝道也，所謂自邇也，自卑也；“盡人性，盡物性”，至於參贊化育，所謂遠也，高也。孝之道大矣哉！《孝經》首章曰：“夫孝，德之本也，教之所由生也。”《論語》曰：“君子務本，本立而道生。孝弟也者，其爲仁之本與？”君子於此可以知道之大本矣。

《詩》曰：“妻子好合，如鼓瑟琴；兄弟既翕，和樂且耽；宜爾室家，樂爾妻孥。”

朱注：《詩·小雅·常棣》之篇。鼓瑟琴，和也。翕，亦合也。耽，亦樂也。孥，子孫也。

愚按：此節注重一“和”字。《孝經》首章曰：“民用和睦，上下無怨。”蓋因一家之和氣，推而爲一國之和氣、天下之和氣，故能上下無怨。周公作《周禮》曰“和親康樂”，惟和而後能親，惟和親而後能康樂，和之道大矣哉！ 故本經曰：“和也者，天下之達道也。”反乎和則爲睽乖，人道睽乖，天下亂矣。

子曰：“父母其順矣乎！”

愚按：《孝經》首章曰：“先王有至德要道，以順天下。”至德要道本乎孝，而孝始於順。孟子之贊虞舜曰：“惟順於父母，可以解憂。"又曰："大孝終身慕父母。"順者，慕之所發也。無所不慕，則無所不順，順之之道大矣哉！孝子之事父母也，和氣愉色，柔聲婉容，殷勤以將順，視於無形，聽於無聲，久之而其和且順也，亦在於無形無聲之中。兄弟怡怡，妻子熙熙，相觀而化，不待言矣。吾言治道，常神游於唐虞之際；吾言孝道，常神游於重華、曾子之庭。《孝經》曰："孝悌之至，通於神明，光於四海。"夫是之謂"君子之道"，夫是之謂"率性之道"，夫是之謂"行遠自邇，登高自卑"之道，蓋人道之最重者也。

朱子云：右第十五章。

愚按：此章言和順以孝其親，以立人倫之本，《孝經》所謂"生則親安之"是也。下章言祭祀之盡孝，《孝經》所謂"祭則鬼享之"事也。是以天下和平，灾害不生，禍亂不作，皆和氣之所感召也。又下三章舉大舜、文王、武王、周公以爲標準，四聖皆大孝人也。自宗廟饗之，推而及於諸侯、大夫及士庶人；自繼志述事，推而至於郊社之禮、禘嘗之義。其端皆自和順始，所謂"行遠自邇，登高自卑"也，義理文法，特爲邃密。朱子以爲承上章"費""隱"而言，失之拘矣。

子曰："鬼神之爲德，其盛矣乎！"

愚按：顧氏亭林云：王道之大，始於閨門。妻子合、兄弟和而父母順，道之邇也，卑也；郊焉而天神假，廟焉而人鬼饗，道之遠也，高也。先王事父孝，故事天明；事母孝，故事地察。修之爲經，布之爲政，本於天，殽於地，列於鬼神，達於喪、祭、射、御、冠、昏、朝聘，而天下國家可得而正也。若舜若文、武、周公，所謂庸德之行，而人倫之至者也。故曰："君子之道，造端乎夫婦，及其至也，察乎天地。"此説因順父母而推及於致孝鬼神，可謂至精至大。

又按：顧氏以此章爲祭祀之鬼神，説極明確。惟愚意以爲前二節係泛論天神、地祇、人鬼，至"使天下之人"以下，乃專指祭祀之鬼神而言。

"視之而弗見，聽之而弗聞，體物而不可遺。"

鄭注：體，猶生也。可，猶所也。不有所遺，言萬物無不以鬼神之氣生也。

朱注：鬼神無形與聲，然物之終始，莫非陰陽合散之所爲，是其爲物之體而物所不能遺也。其言"體物"，猶《易》所謂"幹事"。言事之質幹。

愚按：鄭注謂萬物皆以鬼神之氣所生，此説極精，非獨子孫之統系也。凡宇宙間百物，皆天地精氣之所寄；家庭中百物，多祖若父精氣之所寄。《禮記》曰："父歿而不能讀父之書，手澤存焉爾；母歿而杯棬不能飲焉，口澤之氣存焉爾。"不能，言不忍也。書與杯棬，父母精氣之所寄也。其他如古聖賢之所發明作述者，皆可類推。明乎此，則愛敬之心油然而生矣。

"使天下之人，齊明盛服，以承祭祀。洋洋乎！如在其上，如在其左右。"

朱注：齊之爲言齊也，所以齊不齊而致其齊也。明，猶潔也。洋洋，流動充滿之意。能使人畏敬奉承，而發見昭著如此，乃其體物而不可遺之驗也。孔子曰："其氣發揚於上，爲昭明、焄蒿、悽愴，此百物之精也，神之著也。"見《禮記‧祭義篇》。正謂此爾。

愚按："齊明盛服，以承祭祀"，此非有使之者也，而若有使之者，何也？蓋天地間之鬼神，可以役人心中之神明；而人心中之神明，可以感天地間之鬼神。誠，爲之也。誠不至則神不致，肅然必有聞乎其容聲，愾然必有聞乎其嘆息之聲。善哉《祭義》之言，可以爲孝子之法則矣。洋洋，或以爲禮樂之美盛，或以爲孝子哀慕充滿，所謂"將至必樂"之意，皆可通。

顧氏亭林云：人之有父母也，鷄鳴問寢，左右就養無方，何其近也。及其既亡，而其容與聲不可得而接，於是或求之陰，或求之陽，然後僾然必有見乎其位，然後乃憑工祝之傳，而致賚於孝孫。生而爲父母，歿而爲鬼神。子曰："爲之宗廟，以鬼饗之。"此之謂也。"洋洋乎如在其上，如在其左右"，由順父母而推之也。

"《詩》曰：神之格思，不可度思，矧可射思！"

朱注：《詩‧大雅‧抑》之篇。格，來也。矧，況也。射，厭也，射，《詩》作斁。言厭怠而不敬也。思，語辭。

"夫微之顯，誠之不可揜如此夫。"

愚按：微者，"視之而弗見，聽之而弗聞"也；顯者，"使天下之人齊明盛服以承祭祀"也。因祭祀鬼神之自微至顯，推而至於居心處事之自微至顯，則慎獨之功爲要矣。"誠之不可揜"，"洋洋乎如在其上，如在其左右"，祭祀之誠也。鄭注以爲鬼神"不言而誠"，其説未安。余嘗讀《易・无妄》一卦，以爲"无妄"，誠也；"元亨利貞"，是其本德也。而《彖辭》曷爲又言"其匪正有眚"，心常疑之。繼乃悟此文王戒人之作僞也。作僞者，非心之正，悖天之命，故曰"天命不祐"。凡人性善，初念本誠，其作僞者，皆出於後起。故《大象傳》不言"天下雷行，无妄"，而特加"物與"二字。"物與无妄"者，雷行之時，物皆生无妄之念，迨雷止而誠意消，詐僞萌矣。无妄，正也；僞无妄，邪也，最不可測者也。二爻之不耕而思穫、不菑而思畬，貪念也，即僞念也。三爻"或繫之牛，行人之得"，則詐僞深而流於盜竊矣。五爻"勿藥有喜"，天下之關係生命者莫如藥，藥而出於僞，故曰"无妄之藥，不可試也"。然豈特藥而已，凡一言一行一事之作僞者，皆不可試，其害與藥無异也。中庸之學，以至誠爲主，誠字始見於此節。惟仁人能以祭祀之誠，推而至於行事之誠。雖不見不聞之中，儼然十目所視，十手所指，而不敢稍有自欺之念。夫然後誠於中，形於外，自微之顯，而成天下之至誠。老子曰："載魂魄抱一，能無離乎？"一者，誠也。小人爭名奪利，詐僞日滋，志昏於中，氣浮於上，久之而離魂而落魄，皆不誠之所致也。君子之治心也，知鬼神之不可度、不可射，即由於吾心之不可度、不可射。一念之起，天命降監，則不誠之意寡矣。《易》曰："聖人以此齊戒，以神明其德夫！"

朱子云：右第十六章。

子曰："舜其大孝也與！德爲聖人，尊爲天子，富有四海之內。宗廟饗之，子孫保之。"

朱注：子孫，謂虞思、陳胡公之屬。

愚按：孟子曰："大孝終身慕父母。五十而慕者，予於大舜見之矣。"又引孔子曰："舜其至孝矣，五十而慕。"蓋孝，明德也。明德之後必大昌，天之所以報之也。

李氏二曲云：孝爲百行之首，修身立德爲盡孝之首。舜之大孝，在"德爲聖人"，故人子思孝其親，不可不砥礪其德。德爲聖人，則親爲聖人之親。德爲賢人，則親爲賢人之親。若碌碌虛度，德業無聞，身爲庸人，則親爲庸人之親。甚至寡廉鮮恥，爲小人匹夫之身，則親爲小人匹夫之親。虧體辱親，莫大乎是，縱日奉五鼎之養，亦總是大不孝。

"故大德必得其位，必得其祿，必得其名，必得其壽。"

愚按：大德本於大孝，惟孝之至，乃成爲大德也。《後漢》延篤云："仁人之於孝，猶手足之有腹心，枝葉之有根本也。"[1]

---

[1] 《後漢書·吳延史盧趙列傳第五十四》："夫仁人之有孝，猶四體之有心腹，枝葉之有本根也。"

故《論語》曰："孝弟也者,其爲仁之本與?"是故推恩以保四海,猶腹心之達於手足,根本之達於枝葉也。腹心穩固,手足自然健強;根本盤深,枝葉自然峻茂。疊言"必得",非有所覬望而幸致之也,修德自然之驗也。《尚書》云"舜生三十,徵庸三十,在位五十載"①,計舜年百有十歲。《詩·天保》之頌壽,可謂至矣,而其最要之詞曰:"群黎百姓,遍爲爾德。"蓋未有德不逮於群黎百姓,而能幸致遐福者也。爲人上者其勉之哉!

"故天之生物,必因其材而篤焉。故栽者培之,傾者覆之。"

朱注:材,質也。篤,厚也。栽,植也。氣至而滋息爲培,氣反而游散則覆。

愚按:因材而篤,所謂天演之公理也。凡培之、覆之者,皆物之所自爲也。培者,扶之、植之也。天之於物,所以扶之、植之者,必其物有可以扶、可以植之道。若本無可扶,本無可植,雖勉強以扶之、植之,終必傾覆而後已。《傳》所謂"天之所廢,誰能興之"也。反是以觀,則天之所興,又誰能廢之哉?古語云:"佑賢輔德,顯忠遂良。兼弱攻昧,取亂侮亡。"賢德忠良,栽者是也;弱昧亂亡,傾者是也。而其佑之、輔之、顯之、遂之、兼之、攻之、取之、侮之者,皆其所自爲也。天之於物,本無私愛、私惡於其間,凡不能自立者,無非自外

① 通行本《尚書·舜典》作:"舜生三十徵庸,三十在位,五十載,陟方乃死。"

生成者也，然則人可不修德乎哉？

又按：朱注解培、覆二字，專指氣言，説甚精核。愚更有進焉者：氣之在宇宙間，無形而不可見，而一身一家一國，莫不隨之以爲盛衰興亡。子思子特以栽培、傾覆之理繫於舜大孝之下者，蓋孝，和氣也，善氣之根也。善氣之在一家一國，子孫飲之，百姓感之，而其家其國自然興且盛；惡氣之在一家一國，子孫飲之，百姓感之，而其家其國自然衰且亡。此其“幾”，豈莫之致而至哉？孟子曰：“君子之澤五世而斬，小人之澤五世而斬。”澤者，氣之所涵濡而鬱積也。而有時斬不斬或不限以五世者，善氣之充有強有弱，惡氣之充亦有強有弱，恒隨其分數以爲修短。云五世者，舉其大概也。是培與覆，至微之消息也。《易傳》云：“積善之家必有餘慶，積不善之家必有餘殃。”曰必有者，占之於其氣也。古語云：“作善降之百祥，作不善降之百殃。”曰降，因其氣而降之也。君子善養氣，致中和而已矣。中和者，善氣也；致中和者，栽善氣也。“天地位，萬物育”，善氣之滋息爲之也，此人之所以與天合德也。近今以來，鮮有發明此學説者，吾以學理、物理推之，而知此論必大昌於後世也。

孫氏夏峰云：人謂吉凶休咎，有數存焉，非人之所能必也。予謂吉咎之氣，從類而附，吉以陽類從順，咎以陰類應逆，此因材之天理有固然。由是觀之，人事而已，豈有天哉？此説注重人事，亦足警世。

"《詩》曰：嘉樂君子，憲憲令德！宜民宜人，受禄于天。保佑命之，自天申之！"

鄭注：憲憲，興盛之貌。保，安也。佑，助也。

朱注：《詩·大雅·假樂》之篇。假、嘉通。申，重也。

先師黃氏元同云：民以百姓言，人以百官言。《論語》"修己以安百姓"與此同。愚按：此詩爲頌祝之辭，注重在"憲憲令德，宜民宜人"二句。惟有令德，而後能宜於民人，而後能受禄於天。董子云："爲政而宜於民，固當受禄於天。"此説最精確。自古以來，未有不以民人爲念而能受禄久長者也，且非特不能受禄而已，傾覆將轉瞬而至也。

"故大德者必受命。"

朱注：受命者，受天命爲天子也。

愚按："大德必受命"，天人和氣之相感也。《孝經》云："孝弟之至，通於神明，光於四海。"《詩》云："自西自東，自南自北，無思不服。"如是則天命隨之矣。

門人陳氏柱尊云：據此章，則孔子以神道設教，益可知矣。古之聖人，皆以神道設教者也：有以天神設教者，故稱天皇氏；有以地神設教者，故稱地皇氏；有以人神設教者，故稱人皇氏。夏尚忠，忠法人，以人神設教者也；殷尚敬，敬法地，以地神設教者也；周尚文，文法天，以天神設教者也。義見《白虎通論》。此古代之宗教也。若孔子，則集古宗教之大成者也，故其道通天、地、人，其言曰："一貫三爲王。"董子曰："三者,天、地、人也。而参通之者,王也。"見《春秋繁露·王道通篇》。此言能参通天、地、人之神道者,則可以受命而王也。然而孔子之教,莫重乎孝者,董子曰:"天、地、人,萬物之本也。天生之,地養之,人成之。天生之以孝弟,地養之以衣食,人成之以禮樂。"見《春秋繁露·立元神篇》。夫天生之以孝弟,則能孝於父母,而後能事天地也,故曰"夫孝,天之經也,地之義也"。能事天地,則天錫之福。故人之大德,莫大於孝,而必受天之命。雖然,天道冥渺,不可測知,故曰"死生有命,富貴在天"。是以顏回不必壽,盜跖不必夭,伯夷修名而餓死,孔子大德而匹夫,天命豈可必哉?然可必者,道之常;不可必者,時之變。孔子道其常者,欲以禍福勸善也;不言其變者,不欲以禍福自沮也。故賢者不惑於鬼,而不肖者有所畏乎神。嗚呼!此孔子所以爲大宗教家與?

朱子云:右第十七章。

子曰:"無憂者其惟文王乎! 以王季爲父,以武王爲子,父作之,子述之。"

鄭注:聖人以立法度爲大事,子能述成之,則何憂乎?堯舜之父,子則有凶頑;禹湯之父,子則寡令聞。父子相成,唯有文王。

愚按:天下之福,莫大乎無憂。文王之無憂,在能紹成先業,而又有至聖之子善繼善述也。王季之事鮮所考,《皇矣》之詩贊之曰:"唯此王季,因心則友。則友其兄,謂善事泰

伯、仲雍。則篤其君。"①又曰"其德克明",而《康誥》之贊文王
曰"克明德"。是文王之明德實紹成乎王季,而益光大之也。
武王能救民於水火,周公則兼三王之事而修明之,其所述者
爲尤大。鄭注以立法度爲言,愚謂周公之述,實兼法度、文
章。蓋古來聖君文思之精,庖犧、堯、舜而下,厥惟文王,於
《周易·象辭》見之矣。周公述之作《易》爻,"經禮三百,曲
禮三千",皆公所創述。而《豳風》《常棣》《敬之》《小毖》《思
文》諸詩,文思杳微,爲後聖所莫能逮。故公明儀曰:"文王,
我師也,周公豈欺我哉!"蓋兼法度、文章而師之也。大哉!
周家之肇興,由於數聖人之作述,八百年之基業,豈偶然哉?
然揆厥本原,不過家庭之際父慈子孝、兄友弟恭而已矣。《小
宛》之詩曰:"明發不寐,有懷二人。"《思齊》之詩曰:"雍雍在
宮,肅肅在廟。"其皆無憂態度之徵與?

　　孫氏夏峰云:羑里演《易》,正其憂患之心,何以云無憂
也?惟能盡中庸之道,上承賢父,下開聖子,時宜無憂,故若
見爲無憂,文王亦不自覺其無憂也。

**"武王纘大王、王季、文王之緒,壹戎衣而有天下,身不失天下
之顯名。尊爲天子,富有四海之内。宗廟饗之,子孫保之。"**

　　鄭注:纘,繼也。緒,業也。戎,兵也。衣讀如殷,聲之
誤也,齊人言殷聲如衣。虞、夏、商、周氏者多矣,今姓有衣

---

① 　通行本作:"維此王季,因心則友。則友其兄,則篤其慶。"

者，殷之胄與？壹戎殷者，一用兵伐殷也。

　　愚按：武王何以能纘緒？愛民而已矣。孟子曰："文王視民如傷。""武王不泄邇，不忘遠。"不泄、不忘，皆所以愛民而善述先志也。故其言曰"四方有罪無罪，惟我在"①，又曰"百姓有過，在予一人"，又曰"非敵百姓也"，皆其愛民之至也。"身不失天下之顯名"，無利天下之心，而惟以愛民爲念也，故其顯名遂永於後世矣。"富有四海之内。宗廟饗之，子孫保之"，愛民之報也。夫愛民，乃所以爲大孝也。

"武王末受命，周公成文、武之德，追王大王、王季，上祀先公以天子之禮。斯禮也，達乎諸侯、大夫，及士庶人。父爲大夫，子爲士；葬以大夫，祭以士。父爲士，子爲大夫；葬以士，祭以大夫。期之喪達乎大夫，三年之喪達乎天子，父母之喪無貴賤，一也。"

　　朱注：末，猶老也。追王，蓋推文、武之意，以及乎王迹之所起也。先公，組紺以上至后稷也。上祀先公以天子之禮，又推大王、王季之意，以及於無窮也。制爲禮法，以及天下，使葬用死者之爵，祭用生者之祿。喪服自期以下，諸侯絶；大夫降；而父母之喪，上下同之，推己以及人也。

　　愚按：孝子之至，莫大乎尊親。周公何以成文、武之德？

――――――――――

① 《孟子·梁惠王下》引《書》作："天降下民，作之君，作之師，惟曰其助上帝寵之。四方有罪無罪，惟我在，天下曷敢有越厥志？"蓋《書》之逸也。

尊親而已矣。"追王太王、王季,上祀先公以天子之禮",皆所以尊親也。《孝經》曰:"昔者周公郊祀后稷以配天,宗祀文王於明堂以配上帝。是以四海之內,各以其職來祭。夫聖人之德,又何以加於孝乎?"司馬子長《史記·自序》曰:"天下稱頌周公,謂其能論歌文、武之德,宣周、召之風,達太王、王季之志意,爰及公劉,以尊后稷也。"蓋《思文》之詩所由作也。此周公之大孝,即文王、武王之大孝也。成其孝,乃所以成其德也。特重喪、祭之禮者,《論語》曰:"所重:民食、喪、祭。"又曰:"慎終追遠,民德歸厚矣。"夫所貴乎天子者,必以一人之孝,推及於億萬人之孝,而使天下之人,皆有以盡其孝思。夫然後事天明,事地察,而成其爲大孝。喪禮、祭禮,所以經緯天下之孝道,感發人子之孝心者。"無貴賤,一也",《詩》曰:"孝子不匱,永錫爾類。"其是之謂乎?

朱子云:右第十八章。

子曰:"武王、周公,其達孝矣乎!"

愚按:達,通也,言通親之意焉爾。視於無形,聽於無聲,謂之達孝;變而通之,與時宜之,亦謂之達孝。《易·蠱》之初爻曰:"幹父之蠱,有子考,无咎。"《象》曰:"幹父之蠱,以承考也。"[1]言通親之意焉爾。其旨甚微,非窮理盡性者不

---

[1]　通行本《周易·蠱》:"初六:幹父之蠱,有子考,無咎,厲,終吉。《象》曰:'幹父之蠱',意承考也。"

足以語此。朱注謂天下之人通謂之孝，恐未是。

"夫孝者，善繼人之志，善述人之事者也。"

愚按：善繼、善述，所謂達也。文王三分有二，以服事殷，盡臣子之節，是爲千古之常經；而武王、周公弔民伐罪，應天順人，是爲天下之通義。是故文王之志與事，在於救民，而武王、周公繼之述之；文王之志與事，在於尊親，而武王、周公繼之述之。不必泥文王之所爲，而無非文王之志與事，故謂之達，故謂之善繼、善述。善也者，心理同而行迹異，精神同而事業異也，此之謂大孝也。

"春秋修其祖廟，陳其宗器，設其裳衣，薦其時食。"

鄭注：修，謂掃糞也。宗器，祭器也。裳衣，先祖之遺衣服也。設之，當以授尸也。時食，四時祭也。

愚按：事親之道，愛敬而已矣。修祖廟，陳宗器，敬意之所發也；設裳衣，薦時食，愛情之所發也。吾親逮存之日，未盡其愛敬之誠，至吾親既歿，而猶思補其愛敬之缺憾。嗚呼！蓋有恫於厥心者矣。《禮記·祭義篇》云："春雨露既濡，君子履之，有怵惕之心。""秋霜露既降，君子履之，有悽愴之心。"又曰："齊之日，思其所樂，思其所嗜。""肅然必有聞乎其容聲。""愾然必有聞乎其嘆息之聲。"蓋至設裳衣，薦時食，而吾親之音容如見矣。故愚嘗謂《祭義》一篇，人子所宜日三復也。

“宗廟之禮，所以序昭穆也；序爵，所以辨貴賤也；序事，所以辨賢也；旅酬下爲上，所以逮賤也；燕毛，所以序齒也。”

鄭注：序，猶次也。爵，謂公、卿、大夫、士也。事，謂薦羞也。以辨賢者，以其事別有所能也，若司徒奉牛，宗伯共雞牲矣。《文王世子》曰：“宗廟之中，以爵爲位，崇德也。宗人授事以官，尊賢也。”旅酬下爲上者，謂若《特牲饋食》之禮賓，弟子、兄弟之子，各舉觶於其長也。逮賤者，宗廟之中，以有事爲榮也。燕，謂既祭而燕也。燕以髮色爲坐，祭時尊尊也，至燕親親也。齒，亦年也。

愚按：《易傳》曰：“卑高以陳，貴賤位矣。”此節所謂位也，示人以定位，即示人以秩序也。此由宗廟之中，推而至於禮儀三百，莫不然也；推而至於朝廷、鄉黨、家國諸事，莫不然也。至定位紊而秩序淆，則人心散而天下亂矣。“序爵辨貴賤”，鄭注引《文王世子》之辭，知古人之有爵而貴者，無非有德者也。

“踐其位，行其禮，奏其樂，敬其所尊，愛其所親，事死如事生，事亡如事存，孝之至也。”

鄭注：踐，猶升也。其者，其先祖也。踐，或爲纘。

先師黄氏元同云：纘、踐古通。《詩·崧高》“王纘之事”，《釋文》引《韓詩》作踐，是其例。奏樂有二時，一在降神前，一在薦獻後。所尊謂祖廟，所親謂子姓。愚按：敬其所尊，愛其所親者，所以補愛敬之缺憾也。《禮記·祭義篇》

曰："文王之祭也，事死者如事生，思死者如不欲生，忌日必哀，稱諱如見親。祀之忠也，如見親之所愛，如欲色然，其文王與？《詩》云：'明發不寐，有懷二人。'文王之詩也。"又曰："樂以迎來，哀以送往。""饗之必樂，已至必哀。"嗚呼！其至矣乎。至是而吾親之志與事，有不呈露於吾親者乎？而繼志、述事之意，自油然而生；善繼、善述之道，亦自因心而出矣。雖然，更有進者。"事死如事生，事亡如事存"，孝子之不得已也。與其於事死、事亡之時而盡其心，何如於事生、事存之時而盡其心乎？夫事生、事存之時，而不克盡其心，則於事死、事亡之時，後悔有不可言者矣。曾子曰："親戚既没，此親戚指父母而言。雖欲孝，誰爲孝乎？"孝有不及，其此之謂與？

"郊社之禮，所以事上帝也，宗廟之禮，所以祀乎其先也。明乎郊社之禮、禘嘗之義，治國其如示諸掌乎！"

鄭注：社，祭地神。序爵辨賢，尊尊親親，治國之要。

愚按：《禮記》曰："惟仁人爲能饗帝，孝子爲能饗親。"[1]明乎社郊之禮、禘嘗之義，仁孝之至也。因仁孝而推之，孟子所謂"老吾老以及人之老，幼吾幼以及人之幼，天下可運於掌"是也。君子務本，故治天下必自仁孝始。

門人陳氏柱尊云：治國之道，莫大乎禮。行禮之本，莫

---

[1]　通行本《禮記·祭義》："唯聖人爲能饗帝。"

大乎敬。明乎禘嘗之義,則知所以敬乎祖先矣;明乎社郊之禮,則知所以敬天地矣。謂之明者,非徒循其節文也,明鬼神之德無所不至,"洋洋乎如在其上,如在其左右",而不敢須臾之離乎道也。不敢須臾離乎道,則正己而正人,治國何難哉?又云:王者之祭,莫重於郊天。故"《春秋》之義,國有大喪者,止宗廟之祭,而不止郊祭",《春秋繁露·郊祭篇》語。"百神之祭不卜,而郊獨卜。"《春秋繁露·郊禮篇》語。故曰:"天者,百神之君也,王者之所最尊也。"《春秋繁露·郊義篇》語。王者曷爲獨尊乎天?尊民也。何言乎尊民?人者,天地之心也。天爲民以立君,尊天所以尊民也。故《春秋》置王於春之下,詘王以信天,即抑君以尊民也,其旨亦微矣哉。爰附論於此,以告世之議孔子者。

朱子云:右第十九章。

愚按:自"鬼神"章至此,本仁孝之源,而推及於神道設教,明乎郊社之禮、禘嘗之義,所謂"通幽明之故","郊焉而天神格,廟焉而神鬼饗"①是也。近儒乃以孔子爲非宗教,不讀書而愚陋至此,可慨也。

哀公問政。

朱注:哀公,魯君,名蔣。

---

① 韓愈《原道》:"郊焉而天神假,廟焉而人鬼饗。"

子曰："文、武之政,布在方策。其人存,則其政舉;其人亡,則其政息。"

鄭注:方,版也;策,簡也。息,猶滅也。

愚按:布,宣布也。人治、法治,聚訟紛紜,實則二者不可偏廢。蓋重人治者,所以防不得人之弊;重法治者,所以防不守法之弊。然法無數十年而不變,化而裁之,使民宜之,是爲天下之通義。苟不得人,何以定法?且行法而不得其人,則法皆生弊,而益爲當世所詬病。故人存政舉,人亡政息,實大中不易之論也。

門人陳氏柱尊云:道之大,原出於天,天一日不亡,道亦一日不亡。然而殷紂以滅,文、武以興者,繇與不繇也。"文、武之政,布在方策",方策一日不亡,文、武之政亦一日不亡。然而幽、厲以衰,宣王以興者,舉與不舉也。世之爲政者,苟非大無道之人,孰不願其國之安且治哉?然欲安而常危,欲治而常亂者何也?任非其人也。

"人道敏政,地道敏樹。夫政也者,蒲盧也。"

朱注:敏,速也。蒲盧,沈括以爲蒲葦是也。以人立政,猶以地種樹,其成速矣,而蒲葦又易生之物,其成尤速也。

愚按:行政以速爲主,故《易》象風、雷爲《益》。天道速而四時行,地道速而生物暢,人道速而政治昌明,民氣發達。因循濡滯者,政治之賊也。

“故爲政在人，取人以身，修身以道，修道以仁。”

鄭注：在於得賢人也。取人以身，言明君乃能得人。

先師黄氏元同云：修道以“五性”，曰“以仁”者，省文。仁從人、二，古文作忎。《左傳》“參和爲仁”，與字義合。《周官·太宰》“以九兩繫邦國之民”注云：“兩，猶耦也，所以協耦萬民。”仁從人、二，二亦耦也，故以“相人偶”訓之。愚按：“取人以身”，本身以作則也。人君不知修身，則不能得賢人，而讒諂面諛之人至矣。與讒諂面諛之人居，國欲治可得乎？本經首章言“修道之爲教”，此章言“修道以仁”，聖門必以仁爲教也。“仁者，善之長”，“己欲立而立人，己欲達而達人”，推及爲博施濟衆，使人各得其所也。有我即有人，故從人、二。由二人而推至於千萬人，故古文作忎，一人之心，千萬人之心也。“協耦萬民”四字，何等有味，此即近世所謂平等是也。夫平等者，乃上之人對於下之辭，下之人不得以之而責上也。上之人能以平等待其民而協耦之，是乃所謂仁也。

“仁者人也，親親爲大；義者宜也，尊賢爲大。親親之殺，尊賢之等，禮所生也。”

朱注：人，指人身而言。具此生理，自然便有惻怛慈愛之意。宜者，分別事理，各有所宜也。禮，則節文斯二者而已。

愚按：“仁者人也”，“義者宜也”，皆古訓也。親親、尊賢，仁義中之先務也。殺與等，皆等差也，所謂“理一而分殊”也。《大學》言：“自天子以至於庶人，壹是皆以修身爲本。”又云：“其本亂而末治者，否矣。其所厚者薄，而其所薄者厚，未之有也。”蓋本末明而等差判，等差判而厚薄分，天理之自然也。墨氏知理一而不知分殊，昧於等差，而本末厚薄之間，乃有時而倒置，失人道之中庸矣。

“在下位不獲乎上，民不可得而治矣！”

　　鄭注：此三句在下，誤重在此。

“故君子不可以不修身；思修身，不可以不事親；思事親，不可以不知人；思知人，不可以不知天。”

　　鄭注：言修身乃知孝，知孝乃知人，知人乃知賢不肖，知賢不肖，乃知天命所府佑。府佑，謂輔佑也。愚按：上文言“修身以道，修道以仁”，“孝弟者，爲仁之本也”，故思修身，不可以不事親。爲人自事親始，此明王所以必以孝治天下也。事孰爲大？事親爲大。守孰爲大？守身爲大。不知人，則“燕朋逆其師，燕僻廢其學”而失其身，故思事親不可以不知人。《詩》云：“昊天曰明，及爾出王。昊天曰旦，及爾游衍。”古語云：“作善降之百祥，作不善降之百殃。”蓋知人道之極者，必知所以敬天之道矣。孟子曰：“知其性，則知天矣。”然則知人者，蓋能盡其性以盡人之性，夫然後悟化育之功，而可以知天。知天、知人，其功夫之層累高下，未可一言罄也。

天下之達道五，所以行之者三。曰君臣也，父子也，夫婦也，昆弟也，朋友之交也：五者天下之達道也。知、仁、勇三者，天下之達德也，所以行之者一也。

朱注：達道者，天下古今所共由之路。達德者，天下古今所同得之理也。一，則誠而已矣。達道雖人所共由，然無是三德，則無以行之；達德雖人所同得，然一有不誠，則人欲間之，而德非其德矣。

先師黃氏元同云：昆弟與兄弟渾言通，析言別。昆弟者，同父兄弟也；兄弟，爲族親之通稱。愚按：本經首章云“和也者，天下之達道也”，所謂人道是也。孟子曰：“人之有道也，飽食暖衣，逸居而無教，則近於禽獸。聖人有憂之，使契爲司徒，教以人倫：父子有親，君臣有義，夫婦有別，長幼有序，朋友有信。”親也、義也、別也、序也、信也，皆所謂道也。有是道，斯可謂之人；無是道，則淪於禽獸矣。後世因蔑視君臣之義，遂并欲廢五倫，此昧於政治學之甚者也。說詳余所著《君臣釋義》。自古大知、大仁、大勇之人，莫不行此五達道以維持於不敝也。

或生而知之，或學而知之，或困而知之，及其知之，一也；或安而行之，或利而行之，或勉强而行之，及其成功，一也。

鄭注：利，謂貪榮名也。勉强，恥不若人。

朱注：人性雖無不善，而氣禀有不同，故聞道有蚤莫，行道有難易。然能自强不息，則其至一也。

先師黃氏元同云：“生而知之”者，知之至也；“學而知之”

者，所謂"好學近乎知"者也。"安而行之"者，仁之至也；"利而行之"者，所謂"力行近乎仁"者也。好學力行，亦勇之至。"困知勉行"者，注謂能"恥不若人"，斯其爲"知恥近乎勇"者乎？下即接以"故曰：好學、力行、知恥"之三近，是其文義之相承也。自魏晉間"故曰"誤作"子曰"，王肅《家語》改竄其文爲一問一答，遂致一氣之文，使之隔閡。愚按：學問之道，知行而已。即知即行，隨知隨行，進德造道之初基也。朱子主"先知後行"，王陽明先生主"知行合一"，皆有功於斯道。然世多知而不行者，則陽明之説爲尤要矣。《論語》云："生而知之者，上也；學而知之者，次也；困而學之，又其次也；困而不學，民斯爲下矣。"説者謂"生知安行爲樂，困知勉行爲苦"，吾謂不然。天下惟困苦而得之者，其樂爲尤甚。故曰"及其知之一也"，"及其成功一也"，無甘苦之可分也。

子曰："好學近乎知，力行近乎仁，知恥近乎勇。" 朱子以"子曰"爲衍文，先師黄氏以爲當作"故曰"。今依注疏本，未敢率改。

　　愚按：孟子曰："學不厭，智也。"學而不厭，自進於智。博施濟衆在乎行，立人達人亦在乎行，"天下有道，則行有枝葉"。故天下多實行家，其爲仁也易；天下多空論家，其爲仁也難。孟子曰："人不可以無恥。""不恥不若人，何若人有？"古來大勇之士，未有不從愧恥激厲而出者也。然則學非徒學，先貴乎好，如嗜欲之不可離也，心與之洽，津津乎其有味也；行非徒行，要歸乎力，殫竭吾身之所能也，無一事之或蹈於空虛也；恥非徒恥，先貴乎知，有靈官之感覺也，其漠然無所動於中者，非人也，鞭策之而不起者也。是故近者，所以進也。能好學則自然進乎知矣，能力行則自然進乎仁矣，能知恥則自然進乎勇矣。若不好學、不力行、不知恥，此終其身不足與入道者也。

呂氏云：愚者自是而不求，自私者徇人欲而忘返，懦者甘爲人下而不辭。故好學非知，然足以破愚；力行非仁，然足以忘私；知恥非勇，然足以起懦。

"知斯三者，則知所以修身；知所以修身，則知所以治人；知所以治人，則知所以治天下國家矣。"

鄭注：言有知、有仁、有勇，乃知修身，則修身以此三者爲基。

愚按：《論語》曰："苟正其身矣，於從政乎何有？不能正其身，如正人何！"天下萬事，皆從本身起點。身者，人之標準，即天下國家之標準也。世之爲治者，不仁不知，無恥無勇，不能修身而欲治人，不能治人而欲治天下國家，由是天下國家以亂，而身益隨之而亡，此所謂大愚不靈者也。

凡爲天下國家有九經，曰：修身也，尊賢也，親親也，敬大臣也，體群臣也，子庶民也，來百工也，柔遠人也，懷諸侯也。

朱注：經，常也。體，謂設以身處其地而察其心也。子，如父母之愛其子也。柔遠人，所謂無忘賓旅者也。

先師黃氏元同云：來，讀"勞來"之來，謂勸勉之。遠人，謂商賈行旅。愚按：修身，以仁義爲本。尊賢，義也；親親，仁也。孟子曰："堯、舜之仁，不遍愛人，急親賢也。"是親賢又義中之仁也。孟子曰："湯之於伊尹，學焉而後臣之，故不勞而王；桓公於管仲，學焉而後臣之，故不勞而霸。"《國策》郭隗說燕昭王曰："帝者與師處，王者與友處。"蓋尊賢者，尊師道也。凡其奔走趨承於我者，皆非賢也。"子庶民"之後，即繼以"來百工"。《周官‧考工記》曰："國有六職，百工居一。"工業之重於中國也久矣。此九經者，皆《周官》之精蘊也。

呂氏云：天下國家之本在身，故修身爲九經之本。然必親師取友，然後修身之道進，故尊賢次之。道之所進，莫先其家，故親親次之。由家以及朝廷，故敬大臣、體群臣次之。由朝廷以及其國，故子庶民、來百工次之。由其國以及天下，故柔遠人、懷諸侯次之。此九經之序也。視群臣猶吾四體，視百姓猶吾子，此視臣視民之別也。

修身則道立，尊賢則不惑，親親則諸父昆弟不怨，敬大臣則不眩，體群臣則士之報禮重，子庶民則百姓勸，來百工則財用足，柔遠人則四方歸之，懷諸侯則天下畏之。

朱注：道立，謂道成於己而可爲民表，所謂"皇建其有極"是也。不惑，謂不疑於理。不眩，謂不迷於事。敬大臣則信任專，而小臣不得以間之，故臨事而不眩也。來百工則通功易事，農末相資，故財用足。柔遠人則天下之旅皆悦而願出於其塗，故四方歸。懷諸侯則德之所施者博，而威之所制者廣矣，故曰天下畏之。

愚按：本經首章云“修道之謂教”，蓋道立則有以教天下國家，教行而風俗美，夫然後可以爲治，皆本身以推之也。“報禮”，《詩》所謂“無德不報”是也。孟子曰：“君之視臣如手足，則臣視君如腹心；君之視臣如犬馬，則臣視君如國人；君之視臣如土芥，則臣視君如寇仇。”皆所謂報也。君視群臣爲一體，以心腹腎腸之寄，爲股肱耳目之司，團體之大，無逾於此，士有不觀感而贊襄我、匡救我者乎？“財用足”，朱注謂“通功易事，農末相資”，末者，商也，蓋農出其原料，工以成之，商以行運之，《大學》所謂“爲之者疾”，“則財恒足”是也。遠人同居覆載之内，有人道以撫循之，德禮以感服之，則鄰國之民仰之若父母矣。

齊明盛服，非禮不動，所以修身也；去讒遠色，賤貨而貴德，所以勸賢也；尊其位，重其禄，同其好惡，所以勸親親也；官盛任使，所以勸大臣也；忠信重禄，所以勸士也；時使薄斂，所以勸百姓也；日省月試，既稟稱事，所以勸百工也；送往迎來，嘉善而矜不能，所以柔遠人也；繼絕世，舉廢國，治亂持危，朝聘以時，厚往而薄來，所以懷諸侯也。

朱注：官盛任使，謂官屬衆盛，足任使令也。蓋大臣不當親細事，故所以優之者如此。忠信重禄，謂待之誠而養之厚，

蓋以身體之，而知其所賴乎上者如此也。既，讀曰餼。餼廩，
稍食也。稱事，如《周禮》稾人職曰"考其弓弩，以上下其食"
是也。往則爲之授節以送之，來則豐其委積以迎之。朝謂諸
侯見於天子，聘謂諸侯使大夫來獻。《王制》："比年一小聘，
三年一大聘，五年一朝。"厚往薄來，謂燕賜厚而納貢薄。

　　愚按："齊明盛服，非禮不動"，或疑其清静而迂拘，不知
此即《易》所云"黃帝、堯、舜垂衣裳而天下治"，《論語》所云
"無爲而治，恭己正南面而已矣"。蓋所以正其本、端其體
也，非真無爲也，大有爲者，寓於無形之中也。讒與色與貨，
皆爲蔽賢之具。孔子曰："放鄭聲，遠佞人。鄭聲淫，佞人
殆。"司馬遷曰："人君無智愚賢不肖，莫不欲求忠以自爲，舉
賢以自輔，然亡國破家相隨屬，而聖君治國累世而不見者，其
所謂忠者不忠，而所謂賢者不賢也。"讒人罔極，交亂四國，
曠觀全史，比比皆是，可勝痛哉！齊宣王惟好貨、好色，是以
不能用孟子。人第知好色之足以亡國，而不知黷貨之更足以
亡國也。"尊其位，重其禄"，而不授以官，正所以保其親也。
"忠信重禄"，鄭注謂"有忠信者重其禄"，足備一義。非重禄
無以勸士之廉，非薄斂無以勸百姓之義，後世反其道以行之，
而士之不知廉耻者多矣。古者官有試、士有試，而不知百工
亦有省而有試。《周官》不曰紀工、勸工而曰考工，其義可
見。秦漢而後，此職既廢，士不能勤其手指，或薄工藝而不屑
爲，於是自一絲一粟一針一肴，以至建築營造諸事，皆須仰給
於人。吁可慨也。"嘉善矜不能"，爲人道當然之務，曰嘉曰

矜，皆所以爲敎也。"繼絕世"數大端，皆爲《春秋》之要義，王者之遠模。後世之爲治者，以卑鄙狹隘之心，爲自私自利之計，觀此擴然大公之氣象，當可憬然悟、奮然改矣。

凡爲天下國家有九經，所以行之者一也。

朱注：一者，誠也。一有不誠，則是九者皆爲虚文矣。

愚按：天下國家之治亂，視乎爲治者心術之誠僞而已。誠則治，僞則亂，"惟影響"①。誠者无妄也，无妄不可以爲僞，説見第十六章。凡人心思最初之念多誠，再三之念易僞，僞而飾爲无妄，則天命不祐矣。故曰："无妄之行，窮之灾也。"言其無可行也。是故天下爲仁義之言者，其言未嘗不仁義也；爲道德之言者，其言未嘗不道德也；爲仁義道德之事者，其事未嘗不道德仁義也。然而有爲而爲，皆僞也，則必自覆之而自露之。如行九經而出於僞，則"齊明盛服，非禮不動"，必如王莽之謙恭矣；"繼絕世，舉廢國"，必如鄭莊之奉許叔矣。心術作僞之爲害，可勝言哉！聖人言九經而要歸於誠，萬世不刊之論也。

凡事豫則立，不豫則廢。言前定則不跆，事前定則不困，行前定則不疚，道前定則不窮。

先師黄氏元同云：跆通佁，閉塞也。愚按：此節實爲政

_____

① 《尚書·大禹謨》："惠迪吉，從逆凶，惟影響。"

治家之要領，不蹈、不困、不疚、不窮，皆經驗之辭，非虛擬也。然吾更有説焉。《易·豫卦·大象傳》：“雷出地奮，爲豫。”是凡事之豫備，必須如雷之奮迅而出，乃克有濟。後人不察此義，以因循迂緩爲務，今日言豫備，明日言豫備，今歲言預備，明歲言預備，甚至經畫一事，閱數年而尚未能實行者，是《需》也，非《豫》也。豫者，事之基；需者，事之賊也。

又按：“言前定，事前定”之法，以先定秩序爲主：言以段落爲秩序，事以先後緩急爲秩序，而紀事之目，亦爲要法。總之所謂前定者，當先定之於一心。

在下位不獲乎上，民不可得而治矣。獲乎上有道，不信乎朋友，不獲乎上矣；信乎朋友有道，不順乎親，不信乎朋友矣；順乎親有道，反諸身不誠，不順乎親矣；誠身有道，不明乎善，不誠乎身矣。

愚按：居下位而期獲乎上，非媚上也，上下一心，而後民可得而治。《易傳》曰：“同聲相應，同氣相求。”若在上之人非志同而道合者，則措施阻滯，觀聽乖方，民不可得而治也。戰國時尚行選舉之法，故顏斶曰：“士生乎鄙野，推選則禄焉。”朝廷與社會一以貫之。《易傳》曰：“人之所助者，信也。”《論語》曰：“民無信不立。”若其人不見信於社會者，必不能見信於朝廷，故曰：“不信乎朋友，不獲乎上矣。”不愛其親而愛他人，不敬其親而敬他人，如是則社會賤之惡之，家庭與社會亦一以貫之者也。曾子曰：“親戚不悦，不敢外交。”此親戚指父母而言。故曰："不順乎親，不信乎朋友矣。"詐偽之事，起於家庭，而後及於交游朋友。《曲禮》曰"幼子常視毋誑"，所以端其本也。是故言必有物，行必有恒，處事之誠也；冬温夏清，昏定晨省，侍奉之誠也；喜而不忘，勞而不怨，視於無形，聽於無聲，立心之誠也。反乎此而爲詐偽，則父母惡之矣。故曰："反諸身不誠，不順乎親矣。"吾心之良知，本純粹至善者也，然而無致知格物之功，則良知即暗塞焉、暗昧焉。明善者，致知格物之功也。有格致之學，止於至善之域，夫然後能誠其身，否則此心如無星之稱，無黍之尺，讀書寡益，取友無方，此身安能自立於誠乎？夫良知者，即未發之中，其用至廣而至大。故家庭社會之暗塞，由吾心之良知以光明之；世界之暗昧，亦由吾心之良知以光明之。此其功蓋有别焉。人生有一時之明善，良知之乍露時也；有漸進之明善，讀書閲世，磨礱切磋，以達於誠者也。反是則撥其不善而著其善，良知汩没，爲自欺之小人矣。故曰："不明乎善，不誠乎身矣。"

誠者，天之道也；誠之者，人之道也。誠者不勉而中，不思而得，從容中道，聖人也。誠之者，擇善而固執之者也。

　　愚按：聖門之學，誠而已矣。立誠之旨，發自孔子，子思子更詳言之，曰："誠者，天之道；誠之者，人之道。"夫天之道，春夏秋冬，晦朔晝夜，不忒其候而已。周子曰："'大哉乾元，萬物資始'，誠之原也。"是天道也。人法天，以仁、義、

禮、智之德，歸極於信用。周子曰："'乾道變化，各正性命'，
誠斯立焉。"此人道也。《周子》又曰："元、亨，誠之通；利、
貞，誠之復。"天道也。又曰"誠精而明"，則人道也。於世界
芸芸之中，而得聖人焉，不勉不思，從心所欲，而自中乎道，
此其誠本於自然者也，根於天命之性也。又得賢人君子焉，
聞一善言，見一善行，即擇而執之，拳拳服膺而弗失之，此其
誠出於學力者也，本於修道之教也。夫萬事萬物雜出於吾
前，孰者爲善？故貴乎擇。衆善之在天下，如流水然，不能執
而行之，則善不爲我有，故貴乎執。執之懈而弗堅，旋即失
之，故執之又貴乎固。此其所以爲誠。

博學之，審問之，愼思之，明辨之，篤行之。

朱注：此誠之之目也。學、問、思、辨，所以擇善而爲知，
學而知也。篤行，所以固執而爲仁，利而行也。

愚按：學與問相因，非問不成爲學。問之之道，詳於《禮
記·學記篇》，所謂"善問者如攻堅木，先其易者後其節目"
是也。思與辨相因，非辨則徒思無益。辨之之道，非徒辨善
惡是非也，首宜辨誠僞。是宜於已發之會，剖析精微。《易》
曰："幾者，動之微，吉之先見者也。"思者，動之幾也；辨者，
辨其幾也。四者要歸，端在於行。

又按：此節指學、問、思、辨、行，尤重在博、審、愼、明、篤
五字。學而不博，不足以爲學；問而不審，不足以爲問；推之
於思、辨、行亦然，而行之不篤，尤爲不誠之根原，學人之大

患。《論語》曰"先行其言,而後從之",又曰"躬行君子",蓋聖門重行爲最要之宗旨。"君子之道,闇然而日章","不動而敬,不言而信",篤行而已矣。

有弗學,學之弗能弗措也;有弗問,問之弗知弗措也;有弗思,思之弗得弗措也;有弗辨,辨之弗明弗措也;有弗行,行之弗篤弗措也。人一能之己百之,人十能之己千之。

朱注:君子之學,不爲則已,爲則必要其成。故常百倍其功,此困而知、勉而行者也,勇之事也。

愚按:《荀子·勸學篇》云"鍥而不舍",鍥者,刻也。惟誠摯之極,乃能刻入也。凡人之於學問,必視之如身心性命,始終不舍,而後可底於成,不然而悠悠忽忽,若存若亡,終身不能入道。夫人當志學之年,若不毅然自命而俯仰千古,成聖成賢者,百不得一,何也? 學之弗能而措,問之弗知而措,思之弗得、辨之弗明、行之弗篤而措也。吁可懼也。"人一能之己百之,人十能之己千之",非言其效也,乃言其志也。言人有一能之,則己必百之,人有十能之,則己必千之也。

果能此道矣,雖愚必明,雖柔必強。

朱注:明者,擇善之功。強者,固執之效。

愚按:"此道",言學、問、思、辨、行也。"果能此道",果字,當依鄭注作決字解,言決定能於此道也。愚也柔也,限於天者也。愚者明,柔者強,則以人事補天之缺也。至誠之道,可以補天，故可以配天；反是而爲詐僞，則欺人以自欺，明者且變而爲愚，强者且變而爲柔矣。夫讀書爲學，所以變化氣質也。乃人人言變化氣質，非特愚者不能明，柔者不能强，且明者轉變而爲愚，强者轉變而爲柔。是何也？積不善之極，積不誠之極也。嗚呼！誠僞之界，其可不懍懍乎？

朱子云：右第二十章。此引孔子之言以繼大舜、文、武、周公之緒，明其所傳之一致，舉而措之，亦猶是爾。章内語誠始詳，而所謂誠者，實此篇之樞紐也。

自誠明，謂之性；自明誠，謂之教。誠則明矣，明則誠矣。

朱注：自，由也。德無不實而明無不照者，聖人之德，所性而有者也，天道也。先明乎善而後能實其善者，賢人之學，由教而入者也，人道也。誠則無不明矣，明則可以至於誠矣。

愚按：此節應本經首章首節之義。性者，天命之性；教者，修道之教。自誠明者，“不勉而中，不思而得”者也。自明誠者，“擇善”故明，“固執”故誠也。誠、明相因：惟不誠，故不明，凡事因之顛倒；惟不明，故不誠，乃以人道爲可欺也。天下有至誠者，則自然明，“不逆詐，不億不信，抑亦先覺者”也。有至明者，自能漸進於誠，知至而後意誠也。人生世界之内，誠而已矣。周子曰：“誠，五常之本，百行之源也。”又曰：“五常百行，非誠，非也，邪暗，塞也。”蓋非誠即邪，既暗塞矣，而又自以爲明，豈非大愚不靈也哉？

孫氏夏峰云：性而得之與教而得之，雖以之分天道、人道，然其事同於誠、明耳。誠、明固相須而不容相離者也，則性、教亦何以別哉？但得人天合一，正不必問功力先後。一部《中庸》，皆是著人從教下手，彼高天事而薄人功者，皆不明之甚者也。

朱子云：右第二十一章。子思承上章夫子天道、人道之意而立言也。

惟天下至誠，爲能盡其性；能盡其性，則能盡人之性；能盡人之性，則能盡物之性；能盡物之性，則可以贊天地之化育；可以贊天地之化育，則可以與天地參矣。

鄭注：盡性者，謂順理之使不失其所也。贊，助也。育，生也。助天地之化生，謂聖人受命在王位，致太平。

愚按：至德必歸於誠，大道必基於誠，故《中庸》"與天地參"，不歸之至聖，而歸之至誠。此節應本經首章末節之義，盡性之學，致中和而已。致其中而無所偏倚也，致其和而無所乖戾也。由是而推之盡人之性，所謂察於人倫也；推之盡物之性，所謂明於庶物也。天下有至誠者出，老有所安，友有所信，少有所懷，洎乎飛者飛、潛者潛、動者動、植者植，無物不備於我性分之中，即無物不在我位育中也。《易傳》曰："后以財成天地之道，輔相天地之宜，以左右民。"《尚書》曰："天工人其代之。"人生天地之間，其責任本當代天以行事，凡天工之所不足者，則以人力補助之。天地之大也，人猶有所撼，此皆吾儒之責也。唐虞之世，"水、火、金、木、土、穀，惟修；正德、利用、厚生，惟和”，皆所以補天工之不逮也，故曰“贊天地之化育”。然則性之爲學，廣矣大矣，吾人毋浮慕也，當先立志於誠，與天地參，謂與天地并立爲三。《易傳》曰“與天地合其德”，《禮運》曰“人者，天地之心也”，言天地之心之所寄托也。要知人身一小天地，人心一小天地，人人皆有與天地參之德，祇因爲人欲所蔽錮，遂致自窒其性、自戕其性、自弃其與天地參之功用，豈不重可惜哉！

朱子云：右第二十二章。言天道也。

其次致曲，曲能有誠，誠則形，形則著，著則明，明則動，動則變，變則化。唯天下至誠爲能化。

朱注：致，推致也。形者，積中而發外。著，則又加顯矣。明，則又有光輝發越之盛也。動者，誠能動物。變者，物從而變。化，則有不知其所以然者。

愚按：曲字有二義：或云即《曲禮》“威儀三千”，委曲繁重，致而行之則漸能有成也；或云曲者，性情之一偏，致者，擴而充之之義，如惻隱、羞惡、辭讓、是非四端之發見，擴充之以至於極，自然有成。二者以後説爲長。又推而言之，如伯夷之清、柳下惠之和，皆所謂曲也，皆能有成者也。形、著、明、動、變、化六者，總結兩節。“盡性”有是六者之功效，“致曲”亦有是六者之功效。朱子云：“曲無不致，則德無不實，而形、著、動、變之功自不能已。”專屬致曲而言，恐未是。形著明者，“睟然見於面，盎於背，施於四體”是也。動變化者，"充實而有光輝之謂大，大而化之之謂聖"是也。

李氏二曲云："曲"是委曲。吾人良知良能之發，豈無一念一言一事之善，只是隨發隨已，不能委曲推致，與不學何異？所貴乎學者，正要在此處察識，此處著力。如一念而善，即推而致之，以擴其念；一言之善，即推而致之，以踐其言；一事之善，即推而致之，令事事皆然。纖悉委曲，無一不致，猶水之必束，雖遇灣曲轉折，不能爲之障礙，纔得達海。又云："曲禮三千"，皆所以致曲也。"纖微不忽，善斯成性"；"不矜細行，終累大德"。大德固不可逾閑，小德亦不可出入，此方是"致曲"。如此致曲，則所以收斂身心者，愈細愈密，久之道德積於中，器宇自別。人孰無良，覿德心醉，善心自興，有莫知其然而然者矣。

朱子云：右第二十三章。言人道也。

愚按：以上兩節，當并爲一章。

至誠之道，可以前知。國家將興，必有禎祥；國家將亡，必有妖孽。見乎蓍龜，動乎四體。禍福將至，善，必先知之；不善，必先知之。故至誠如神。

朱注：禎祥者，福之兆；妖孽者，禍之萌。蓍，所以筮；龜，所以卜。四體，謂動作威儀之間，如執玉高卑，其容俯仰之類。凡此皆理之先見者也。然惟誠之至極，而無一毫私僞留於心目之間者，乃能有以察其幾焉。

愚按：子思子非矜言前知也，特明至誠之效，而勉人以爲善耳。國家雖有禎祥之兆，然使其作不善，則將興之幾亦滅；國家雖有妖孽之兆，然使其作善，則將亡之幾亦消。先儒謂"必有"二字緊接興亡説，是從興亡分妖祥，非以妖祥卜興亡也。將興之國，雖妖不爲災；將亡之國，雖祥不爲福。雉升鼎耳，殷道以興，鸞集朝堂，隋煬以亡，豈不以人哉？蓋見祥而爲不善，則祥反爲妖；見妖而迎以德，則妖反爲福，其説可爲精核。《大易》陰陽消息之理，隨人心而變化，故卜筮之吉凶，亦視人心爲轉移。積善之極，而知其福之將至，積不善之極，而知其禍之將至，非真有鬼神省察於其間也。蓋報施之理，毫髮不爽，如形之與影、響之應答然，此至誠所以必先知之也。《易傳》曰："無有遠近幽深，遂知來物。非天下之至神，其孰能與於此？"

朱子云：右第二十四章。言天道也。

誠者自成也，而道自道也。

愚按：誠者，成也。此古訓也。人道以誠爲主，惟誠乃成爲人，不誠則不成爲人。《春秋穀梁傳》曰："人之於人也，以言受命；不若於言者，人絶之也。"人絶之者，爲其言之不誠也。不成言，故不成人也。"而道自道"，鄭注訓爲"道達"，朱注謂"道者，人之所當自行"，二説未嘗不同。蓋道者，五性之德，人惟有自成，則吾性所固有者，自然能道達而推行於天下矣。

誠者物之終始，不誠無物。是故君子誠之爲貴。

　　愚按：誠者，人之精神，所以終萬物而始萬物者也。老子曰："萬物并作，吾以觀其復。"此雖空虛之辭，而吾儒用之，則可以歸於誠。蓋作者，始也；復者，終也；觀其復，殫竭其精神也。惟老氏之説遁於虛，吾儒則必徵諸實耳。人之精神，猶物之精華。物失其精華，則腐敗而不成爲物，人失其精神，尚得成爲人乎？或曰：物者，事也，不誠則不能以成事。要知天道不誠，不能生物，人道不誠，不能成事，其義本可兼賅也。"君子誠之爲貴"，凡作僞者，皆小人也，皆惡人也，皆不成爲人者也。

　　孫氏夏峰云：自萬物言，"誠通，誠復"[1]，體物不遺也。自一身言，體受歸全，君子以誠終始吾身，即以誠終始萬物。孟子所謂"反身而誠，樂莫大焉"。誠之爲貴，宜如何置力乎！

誠者非自成己而已也，所以成物也。成己，仁也；成物，知也。性之德也，合外內之道也，故時措之宜也。

　　愚按：至誠之道，爲善而已。取人爲善，所以成己也；與人爲善，所以成物也。虞舜"聞一善言，見一善行，若決江河，沛然莫之能禦"，皆發於性之至誠。由是而衆人之善萃於一己，是爲"成己之仁"。"隱惡而揚善，執其兩端，用其中於民"，皆發於心之至誠。由是而一己之善公之於萬物，是爲

---

① 　周敦頤《通書·誠上第一》："元、亨，誠之通；利、貞，誠之復。"

“成物之知”。故孔子曰：“舜其大知也與！”仁與知皆性之德，率性而行，取善精熟，無間於人己，即無間於內外，故曰“合外內之道”。時措之宜者，造道之深，發而皆中節，君子而時中者也，至誠之極功也。或曰：合外內之道，即格致之學，始則本乎內以察乎外，終則明乎外以養其內。西人務外而遺內，吾人則合外內而一貫，故曰“吾道一以貫之”。此蓋斷章取義之說也。

朱子云：右第二十五章。言人道也。

故至誠無息。

愚按：《易·乾卦·象傳》曰：“天行健，君子以自强不息。”乾，言聖人之學。故曰“閑邪存其誠”，又曰“修辭立其誠”，“終日乾乾，與時偕行”，皆所以爲不息也。有息則間斷，而德行、事業俱無所成矣。

孫氏夏峰云：聖人與天地合德，總此一誠。天地得之而不貳，聖人得之而無息。不貳者不已，無息者不已，聖天自相印合也。

不息則久，久則徵。

朱注：久，常於中也。徵，驗於外也。

愚按：天下至要之功，莫如不息。稽天之潦不能終朝，一綫之溜可以穿石者，息與不息之殊也。世未有立心不久而可以成學問者，亦未有立心不久而可以成行詣者。《易傳》之贊《恒卦》曰："恒：亨，無咎，利貞。"久於其道也。天地之道，恒久而不已也。日月得天而久照，四時變化而能久成，聖人久於其道而天下化成。然則久之時義，豈不大哉？久與不久者，一身精神之驗，學問成敗進退之驗，生人壽夭窮通之驗也。或曰：徵，當作徹。徹，達也，達則悠遠。下文"不見而章"數句，皆至誠之達。足備一解。

徵則悠遠，悠遠則博厚，博厚則高明。

朱注：此皆以其驗於外者言之。存諸中者既久，則驗於外者益悠遠而無窮矣。悠遠，故其積也廣博而深厚；博厚，故其發也高大而光明。

愚按：徵者，內外洞徹，精神悠然深遠，有獨到者矣。"悠遠則博厚"，深沈而後能厚重也；"博厚則高明"，厚重而後能光明也。《書·洪範》曰："沈潛剛克，高明柔克。"竊謂沈潛之極，未有不高明者。若自詡高明，無厚重以爲之根柢，此氣質輕清者，學問所以多半途而廢。自古以來，成德者鮮，深可惜也。吾人何以矯之？至誠無息而已。

孫氏夏峰云：悠遠、博厚、高明六字，意實相同[1]，一時并集。以存諸中者言，則悠遠在高明、博厚之前；以見諸用者言，則悠久在博厚、高明之後。

---

[1]　文淵閣四庫本《四書近指》作意實相因。

博厚，所以載物也；高明，所以覆物也；悠久，所以成物也。

朱注：悠久，即悠遠，兼內外而言之也。本以悠遠致高厚，而高厚又悠久也。

愚按：博厚所以載物者：博者，大也；厚者，重也。惟大且重，故能載物。《易傳》曰"含宏廣大，品物咸亨"是也。若狹而輕，則不能容物矣。高明所以覆物者：高明，清靜之宇也。吾心有清靜大明之宇，則萬物來托庇之，若卑暗則低壓，物不能居其下矣。悠久所以成物者：《易傳》曰"恒，雜而不厭"，《論語》曰"爲之不厭，誨人不倦"，皆謂至誠之極。不厭不倦，乃可以悠久，乃所以爲成物之功。要知載物、覆物、成物，皆生人固有之性、當然之職，而究其所以然之功，至誠無息而已。

博厚配地，高明配天，悠久無疆。

鄭注：後言悠久者，言至誠之德，既至博厚高明，配乎天地，又欲其長久行之。

愚按：《易·坤卦》之《象傳》曰"君子以厚德載物"，所以配地也。《離卦》之《象傳》曰"大人以繼明照於四方"，所以配天也。《恒卦》之《象傳》曰"君子以立不易方"，所以無疆也。人身之象天地，非獨頭圓足方似天圓地方也；心象南方之溫帶，背象北方之寒帶，脉絡象百川之流通。形色既象天地，則精神宜配天地。本精神以修德行，至誠無息而已。

如此者，不見而章，不動而變，無爲而成。

朱注：見，猶示也。

愚按：不見、不動、無爲，非真不見、不動、無爲也。惟其見之極、動之極、有爲之極，內斂於靜，“退藏於密”，而人乃見其不見、不動而無爲也，而章、而變、而成之效，乃由此而出也。舜之無爲而治，非真無爲也，有爲之極，人不能見其迹也。“恭己正南面”，夫何爲者？至誠無息而已。

天地之道，可一言而盡也：其爲物不貳，則其生物不測。

朱注：此以下，復以天地明至誠無息之功用。天地之道，可一言而盡，不過曰誠而已。不貳，所以誠也。誠故不息，而生物之多，有莫知其所以然者。

愚按：“天地絪緼，萬物化醇。《易》曰：三人行則損一人，一人行則得其友。言致一也。”古人之尊天曰太一，一者，不貳也。許君《説文解字》云：“惟初太極，道立於一，造分天地，化成萬物。”生生之理，實始於一，“一生二，二生三，三生萬物”也。不測，狀其衆且多也。大哉天地之道，元氣鼓蕩於無形，至誠無息而已。

天地之道，博也，厚也，高也，明也，悠也，久也。

愚按：此言天地之道，與人道相同，即引起下文生物之盛。

陸氏桴亭云：問：博、厚、高、明、悠、久，是單言天道？曰：此正是言天人合一處。言聖人與天地同一博、厚、高、明、悠、久，而末舉文王以爲證。會得此意，則"小德川流，大德敦化"，總是聖人與天地同之也。

今夫天，斯昭昭之多，及其無窮也，日月星辰繫焉，萬物覆焉。今夫地，一撮土之多，及其廣厚，載華岳而不重，振河海而不泄，萬物載焉。今夫山，一卷石之多，及其廣大，草木生之，禽獸居之，寶藏興焉。今夫水，一勺之多，及其不測，黿鼉、蛟龍、魚鼈生焉，貨財殖焉。

鄭注：昭昭，猶耿耿，小明也。振，猶收也。卷，猶區也。

愚按：李氏申耆云："日月星辰，各有一重天，其行度各有本輪，天繫之以行。"故曰繫。華、岳，兩山名。江氏慎修云："'振河海而不泄'，此地圓之説也。"水附於地而流，地能收之，則地面四周有水，而永莫見其泄也。山之"寶藏興"，水之"貨財殖"，天地間之至富者，莫如山水，此《管子》之"官山府海"，所以爲富國策也。

又按：經文曰"及其無窮，及其廣厚，及其廣大不測"，何以無窮，何以廣厚，何以廣大不測？生生之理也。生生者，至誠無息而已。

《詩》云："維天之命，於穆不已。"蓋曰天之所以爲天也。"於乎不顯！文王之德之純！"蓋曰文王之所以爲文也，純亦不已。

朱注：《詩·周頌·維天之命篇》。於，嘆辭。穆，深遠也。純，純一不雜也。程子曰："天道不已，文王純於天道，亦不已。純則無二無雜，不已則無間斷先後。"

愚按："不顯"與末章引《詩》"不顯惟德"同，言幽深玄遠之意。《詩》所贊"穆穆文王"，正與天道之深遠相合。子思子最善説《詩》，蓋曰釋詩人之詞，體詩人之意也。天之所以爲大，不已也。文王之所以爲文，純也，第贊之曰"純亦不已"。而天之所以至誠無息、文王之所以至誠無息者可知矣。而文王之所以配天者可知矣，而後世聖賢所以體天之德，所以學文王之德者，亦可知矣。善哉！子思子之爲《詩》也。以意逆志，孟子其善承師法者乎！

又按："於穆不已"，天命之性也。"德之純"，率性之道，兼修道之教也。《中庸》全書，言至誠而已。吾人自立於天地間，至誠無息而已。

朱子云：右第二十六章。言天道也。

愚按：此章言聖人配天之道，精微深至，學者當時三復而身體之也。

大哉聖人之道！

愚按：上章兼言聖人天地之道，此章專言聖人之道而咏嘆之。

洋洋乎！發育萬物，峻極於天。

朱注：峻，高大也。此言道之極於至大而無外也。

愚按：發育萬物，其功在致中和。惟盡物之性，則可以
"贊天地之化育"。先儒謂"滿腔皆惻隱之心"，則滿腔皆生
意。"發而皆中節"，其德之高大，自能峻極於天。此吾性之
分量，即吾道之分量也。

優優大哉！禮儀三百，威儀三千。

朱注：優優，充足有餘之意。禮儀，經禮也。威儀，曲禮
也。此言道之入於至小而無間也。

先師黃氏元同云：禮義，今作禮儀，非。當從古文作禮
義，亦謂之經禮，謂禮中之大經大義。故十七篇如冠、昏、鄉
飲酒、燕、射、聘諸禮，作記者謂之《冠義》《昏義》《鄉飲酒義》
《燕義》《射義》《聘義》是也。威儀，則禮義中之節目，亦謂之
曲禮。《春秋傳》曰"是以有動作、禮義、威儀之則"，字作義，
猶存古。愚按：此説最精核。禮者，敬而已矣，三千、三百無
非主於敬也。此吾道之支流，即吾教之根本也。

待其人而後行。

愚按：《論語》曰："人能弘道，非道弘人。"惟禮亦然。人
能行禮，非禮行人也。世有謂"制禮定法，而人自然行之"
者，懸虛之論也。

故曰苟不至德，至道不凝焉。

朱注：至德，謂其人。至道指上兩節而言。凝，聚也，成也。

　　愚按:"人受天地之中以生,所謂命也。"命有定靜之處,
是謂之凝。道有歸宿之處,亦謂之凝。凝之之道奈何?《左
氏傳》劉子曰:"君子勤禮,莫如致敬,敬在養神。"孟子曰:
"存其心,養其性,所以事天也。"養神以養性,養性以行禮,
則德至而道凝矣。

故君子尊德性而道問學,致廣大而盡精微,極高明而道中庸。
溫故而知新,敦厚以崇禮。

　　朱注:尊者,恭敬奉持之意。德性者,吾所受於天之正
理。道,由也。溫,謂故學之矣,復時習之也。

　　先太夫子黃氏薇香云:仁、禮、義、智、信爲五德,亦曰五
性,故禮即爲德性。《春秋傳》曰:"民受天地之中以生,所謂
命也。是以有動作、禮義、威儀之則,以定命也。"則禮之爲
德性,昭昭矣。君子,崇禮以凝道者也。知禮之爲德性也而
尊之,知禮之宜問學也而道之,"道問學"所以"尊德性"也。
其育物之道廣大,不外禮之精微,"盡精微",所以"致廣大"
也。其配天之道高明,不外禮之中庸,"道中庸",所以"極高
明"也。"敦厚以崇禮"者,燖溫前世之古禮,考求後王之新
禮,遵而行之,不偏古,不偏今,崇之必敦厚也。後世君子,
外禮而內德性,所尊或入於虛無;去禮而濫問學,所道或流於
支離:此未知崇禮之爲要也。愚按:此説極平實。"尊德
性,道問學"二者,自宋以後分爲兩大學派。陸子靜先生爲尊
德性一派,朱子爲道問學一派。竊謂陸氏之學,固偏於德性,

而朱子之學，實亦注重德性，讀其全書，自可考見。吾儒之學，必須合內外之道，譬如太極兩儀，不容偏廢。若借一端以標樹宗旨，分門別戶，實爲不合。孟子深得子思之傳，其論德性，最爲精詳，曰"好是懿德"，曰"知其性，養其性"，又曰"博學而詳說之"，又曰"萬物皆備於我"，固未嘗偏重也。本經言"天命之謂性"，"自誠明謂之性"，而歸功於博學、審問，可見作《中庸》者未嘗分德性、文學爲二，述中庸者更不宜分德性、文學爲二也。至後儒誤以光明寂照爲德性，以支離破碎者爲文學，則更謬以千里矣。

李氏二曲云：問是問此德性，學是學此德性。若學問而不以德性爲事，縱向博雅人問盡古今疑義，學盡古今典籍，制作可侔姬公，刪述不讓孔子，總是爲耳目所役，不惟於德性毫無干涉，適以累其德性。須是一掃支離蔽錮之習，逐日、逐時，逐念、逐事在德性上參究體驗，克去有我之私，而析義於毫芒，以復其"廣大精微"，愈精微，愈廣大；不溺於聲色貨利之污，而一循乎中庸，以復其"高明中庸"，愈中庸，愈高明。德性本吾故物，一意涵養德性而濬其靈源，悟門既闢，見地自新，謹節文，矜細行，不耽空守寂，斯造詣平實。夫如是，德豈有不至，道豈有不凝乎？

是故居上不驕，爲下不倍，國有道，其言足以興，國無道，其默足以容。《詩》曰："既明且哲，以保其身。"其此之謂與！

愚按：此《孝經》說也。《孝經·紀孝行章》曰："居上不驕，爲下不亂”。惟不倍，故不亂。“不好犯上，而好作亂者，未之有也。”“其言足以興”，一言而興邦也；“其默足以容”，見容於世也。南容三復白圭，所以免於刑戮。先儒云“禍從口出”，言語之賈禍可畏哉！或問：此章重在崇禮，豈行禮之君子，專以明哲保身爲事歟？曰：此正子思子不得已之言也。以孔子之大聖，其遇南子、陽虎，且不能不稍示以委蛇，況當子思子時，處士之橫議已興，戰國之殺機已兆，行禮之君子處此，豈可妄發議論，以致災逮厥身？夫明哲，非毀方瓦合之謂，更非和光同塵之謂。惟危吾行而訥於言，庶幾免於罪戾。《論語·鄉黨篇》詳言聖人之禮義、威儀，末章結之曰：“色斯舉矣，翔而後集。”孔子贊之曰：“山梁雌雉，時哉！時哉！”蓋斯舉、後集，所以爲明哲而保身也。此章引《詩》作結，正子思子不得已之言也。

李氏二曲云：邦無道，默固足以有容，若不韜光晦迹，終爲人所物色，須是無名可名，方免矰繳。

朱子云：右第二十七章。言人道也。

子曰：“愚而好自用，賤而好自專，生乎今之世，反古之道。如此者災及其身者也。”

鄭注：反古之道，謂曉一孔之人不知今王之新政可從。

愚按：愚者恒多自用，惟自用乃益顯其愚；賤者恒多自專，惟自專乃益形其賤。生今反古，不知時也。吾人生世界內，負覺民覺世之責，惟當因時以制宜，庶幾時措而不倍，而乃蔽塞焉且頑固焉，灾及其身矣。《易傳》曰："終日乾乾，與時偕行。"孟子曰："孔子，聖之時者也。"時之爲義，大矣哉！吾願後世儒者毋徒知泥古，而轉召人以輕古蔑古之漸也。

非天子，不議禮，不制度，不考文。

朱注：此以下，子思之言。禮，謂親疏貴賤相接之體也。度，品制。文，書名。

愚按：此節甚屬可疑。孔子曰："殷因於夏禮，所損益可知也；周因於殷禮，所損益可知也。"則"不議禮"之謂何矣？又曰："行夏之時，乘殷之輅，服周之冕，樂則韶舞。"則"不制度"之謂何矣？至於"考文"，更屬儒者之事。孔子曰："文不在茲乎？"又曰："文獻不足故也，足則吾能徵之矣。"則"不考文"之謂何矣？竊意《禮記》一書在王莽時增入者頗夥，此節或係後人竄入以阿莽者歟？或曰：議禮、制度、考文，孰與議之？孰與制之？孰與考之？非在下者而何？

今天下，車同軌，書同文，行同倫。

朱注：今，子思自謂當時也。軌，轍迹之度。

愚按：許叔重《説文叙》云："依類象形謂之文，著於竹帛謂之書。"書同文者，通行籀篆，故謂同文也。倫，人倫也。《論語》："欲潔其身，而亂大倫。"是行之不合乎中也。《説文叙》又云："《禮》，八歲入小學，保氏教國子先以六書。""及宣王太史籀著大篆十五篇，與古文或异。至孔子書六經，左丘

明述《春秋傳》，皆以古文，厥意可得而説。其後諸侯力政，

<small>政，爭也。</small>不統於王，惡禮樂之害己，而皆去其典籍，車涂異軌，文字異形。"是則破壞車制，臆造文字，蓋自戰國始。至於爲我、兼愛，卮言日出，人倫漸廢，秩序寖乖，尤爲可痛。子思子見世風日薄，流弊無窮，故特著是三者，見其時政治尚能統一也。

雖有其位，苟無其德，不敢作禮樂焉；雖有其德，苟無其位，亦不敢作禮樂焉。

愚按：此節言不敢作禮樂，非謂不敢述禮樂也，故下文即引孔子之學周禮以表明之。世衰道微，人人有出位之志，即人人有作禮樂之心，議論紛龐，莫衷一是，而天下遂亂。子思子言此，所以杜漸而防微也。

子曰："吾説夏禮，杞不足徵也；吾學殷禮，有宋存焉；吾學周禮，今用之，吾從周。"

鄭注：徵，猶明也。吾能説夏禮，顧杞之君不足與明之也。吾從周，行今之道。

先師黄氏元同云：《論語》云"宋不足徵"，此云"有宋存焉"者，子思居宋久，知其先王之禮猶有存者，如樂有《桑林》，《詩》賦《新宫》，正考甫得《商頌》十二篇於周之太師，皆先王之典籍也。然其可資考徵者，亦寥寥數事，故《論語》概謂之"不足徵"。子思嘗對魯繆公曰："臣書所記臣祖之言，

雖非正其辭，然猶不失其意。”其此之謂也。愚按：《周禮》乃周公所作，孔子言“吾從周”者，從周公也。《論語》云“如用之，則吾從先進”，亦謂從周公也，合乎時也。

蔡氏虛齋云：此節夫子所感者深矣。一以見先王一代制作，其良法美意，不能盡傳於今；一以見己不得取先王之遺典，集其大成，以垂大法於後。其曰“今用之，吾從周”者，不得位而安，“爲下不倍”之道耳。蓋其意甚遠，其抱負甚大也。

朱子云：右第二十八章。承上章“爲下不倍”而言，亦人道也。

王天下有三重焉，其寡過矣乎！

朱注：呂氏曰：三重，謂議禮、制度、考文。惟天子得以行之，則國不异政，家不殊俗，而人得寡過矣。

愚按：呂氏説未是。三重，當依鄭注謂三王之禮。寡過，指行禮者而言。過者，過乎中庸也。《周易》爲寡過之書，而《損》《益》二卦，尤爲斟酌禮宜之根本，稍有所過，即失其中，《損》《益》之義大矣哉！行禮者“其寡過矣乎”，懼而自省之辭也。

上焉者雖善無徵，無徵不信，不信民弗從；下焉者雖善不尊，不尊不信，不信民弗從。

朱注：上焉者，謂時王以前，如夏、商之禮雖善，而皆不可考。下焉者，謂聖人在下，如孔子雖善於禮，而不在尊位也。

　　愚按：朱注以上爲時，下爲位，其説未是，竊謂此上、下皆指位而言。微者何？"徵諸庶民"也。民者，王者之所天也，"天視自我民視，天聽自我民聽"。行三重而不徵之於民，縱使其善，然或非民意之所欲，則"不信而弗從"矣。"下焉者"，其位不尊，不尊而欲自專，且無提倡之力，亦"不信而弗從"矣。《易傳》曰："天尊地卑，乾坤定矣。"然而地、天則爲《泰》，天、地則爲《否》者，蓋地氣交於天，民心孚於上，斯爲泰；若天地不交，君人者虛擁號令於上，則爲否矣。此"無徵不信"之説也。《易·乾卦》之九二曰"見龍在田"，《傳》以爲文明之象。然居是位者，不過"庸言之信，庸行之謹"而已，至於善世，則雖孔孟其猶病諸。蓋由周公而上，上而爲君，故其事行；由周公而下，下而爲臣，故其事不能行。可見中國數千年來社會之力，遠不及朝廷也。此"不尊不信"之説也。

故君子之道：本諸身，徵諸庶民，考諸三王而不繆，建諸天地而不悖，質諸鬼神而無疑，百世以俟聖人而不惑。

　　愚按：《大學》云："壹是皆以修身爲本。"孟子云："天下之本在國，國之本在家，家之本在身。"古聖人有身學焉，所謂本身以作則也。"徵諸庶民"者，"詢謀僉同"也。《洪範》云："謀及卿士，謀及庶人，卿士從，庶民從，是之謂大同。"行三重而不謀及庶民，法雖立而不行矣。"考諸三王而不繆"者，不繆於時中也。周公思兼三王以施四事，其有不合者，仰而思之，此於不合中求其合也。蓋立法以垂後者，千古之常經，而因時以制宜者，天下之通義，所以不繆於時中也。建，置也，建置於天地之間，而不悖乎天地之時中，先天而天弗違，後天而奉天時也。"質諸鬼神而無疑"，質先聖也。吾之制作、之精神心理，與先聖之精神心理相契合也，雖卜筮不違也。"百世以俟聖人而不惑"，俟後聖也。《禮記》云："作者之謂聖，述者之謂明。"古之明聖制作之業，後有明聖不能易其言，此其德業之遠大，學問之閎通，豈誚淺小儒所能窺其萬一哉？

質諸鬼神而無疑，知天也；百世以俟聖人而不惑，知人也。

愚按："質諸鬼神而無疑"，通神明之德，悟造化之機也。古者庖犧作八卦，神農爲市，黃帝、堯、舜垂衣裳而天下治，皆先聖之精神事業也。至後世聖人易書契，造宮室，則後聖之精神事業也。天行之理，千古不變，而人事則日新而月异，要各有窮變通久之理，皆後聖之責也。生斯世者，因時制宜而已。世之相去也，千有餘歲，得志行乎中國，若合符節，其揆一也，所以不疑而不惑也。是故"天叙天秩"①，皆原於天理也；"道揆法守"②，皆出於人心也。聖人知天知人，窮理盡

---

① 《尚書·皋陶謨》："天叙有典，敕我五典五惇哉。天秩有禮，自我五禮有庸哉。"
② 《孟子·離婁章句上》："上無道揆也，下無法守也，朝不信道，工不信度，君子犯義，小人犯刑，國之所存者，幸也。"

性，以至於命也。

是故君子動而世爲天下道，行而世爲天下法，言而世爲天下則。遠之則有望，近之則不厭。

愚按：此節君子寡過之學也。寡過之要，首在行禮。不妄動，不妄言，不妄行，久之則動必以道，言必以法，行必以則；又久之則“動容周旋中禮”，言有物，行有恒，無在非禮，足爲萬世式矣，而其功必自寡過始。《孝經》曰：“非先王之法言不敢道，非先王之德行不敢行。口無擇言，身無擇行，言滿天下無口過，行滿天下無怨惡。”①此曾子傳諸子思子，而子思子備述師法也。“言滿天下無口過，行滿天下無怨惡”，一衷於禮也，所以“遠之則有望”也。擇，通斁，厭也。“口無擇言，身無擇行”，非禮弗言，非禮弗行也，所以“近之則不厭”也。若在我者無名，焉得而有望？在我者可厭，焉得而不厭乎？嗚呼！今之君子，没世名不稱，爲人所厭弃久矣。何也？蔑弃禮法，過山積也。

《詩》曰：“在彼無惡，在此無射；庶幾夙夜，以永終譽。”君子未有不如此而蚤有譽於天下者也。

朱注：《詩·周頌·振鷺》之篇。射，厭也。射，《詩》作

---

① 《孝經·卿大夫章》：“非先王之法服不敢服，非先王之法言不敢道，非先王之德行不敢行。是故非法不言，非道不行。口無擇言，身無擇行，言滿天下無口過，行滿天下無怨惡。三者備矣，然後能守其宗廟，蓋卿大夫之孝也。”

斁，通。

愚按：君子固不求名譽，然世必汲汲以求名譽者，亦未始非可造之士。人曷爲而爲人所惡，又曷爲而爲人所厭？自用也，自專也，自私自利也，逢人即有求也，所以爲人所厭惡也。爲人所厭惡，而求有譽於天下，難矣哉。君子務去其自用、自專、自私、自利與夫有求無厭之心，是以夙夜兢兢，不愧於天，不怍於人，而令聞廣譽隨之矣。然則王天下而行三王之禮者，其可不戒懼而自省乎？其寡過矣乎！

朱子云：右第二十九章。承上章"居上不驕"而言，亦人道也。

仲尼祖述堯、舜，憲章文、武；上律天時，下襲水土。

鄭注：此以《春秋》之義説孔子之德。孔子曰："吾志在《春秋》，行在《孝經》。"二經固足以明之。孔子祖述堯、舜之道而制《春秋》，而斷以文王、武王之法度。《春秋傳》曰："君子曷爲爲《春秋》？撥亂世，反諸正，莫近諸《春秋》。其諸君子樂道堯、舜之道與？"又曰："王者孰謂？謂文王也。"此孔子兼包堯、舜、文、武之盛德，而著之《春秋》，以俟後聖者也。律，述也。述天時，謂編年，四時具也。襲，因也。因水土，謂記諸夏之事、山川之异。

愚按：此節皆所謂時也。昔者孔子嘆想大同，見《禮記·禮運篇》。蓋思堯、舜之世也。堯、舜禪讓，以天下爲公，其德遠矣，然其典章或有不宜於後世者，於是祖述之，以待後人之發明采擇而已。本經曰：“文、武之政，布在方策。”《論語》曰：“文、武之道，未墜於地，在人。賢者識其大者，不賢者識其小者，莫不有文、武之道焉。”於是憲章之。憲章者，守其法也。春秋時，文、武之法寖以破壞矣，顯明彰著，後學之責，即從先進之志也。“上律天時”，律者，法也。《尚書·堯典》曰：“以閏月定四時，成歲。允釐百工，庶績咸熙。”《易·革卦》之《象傳》曰：“君子以治曆明時。”此“上律”之有形者也。更有進者，天之時，春夏秋冬而已，聖人法之，爲喜怒哀樂，與時消息。其喜也，以事之當喜；其怒也，以事之當怒；其哀樂也，以事之當哀當樂；物來順應，各得其中和，所謂“與四時合其序”也。“下襲水土”，襲者，因也，因水土之所宜也。《王制》云：“廣谷大川異制，民生其間者異俗”，“修其教不易其俗，齊其政不易其宜。”凡宇宙間水土所宜，莫不有習慣之法，自古未有盡去習慣法而可以爲治者。聖人因其習慣而爲之開化焉，爲之改良焉，爲之促其進步焉，此移風易俗之道有因水土而异者也，故曰皆時也。

辟如天地之無不持載，無不覆幬，辟如四時之錯行，如日月之代明。

　　愚按：持，猶操持也，地心吸力如持之也。幬，通燾。《説文》：“燾，溥覆照也。”錯，猶迭也。“辟如天地”二句，言其大也。何以大？致中和而已。《左氏傳》季札之論《韶樂》曰：“如天之無不幬也，如地之無不載也。”贊其中和之德也。

“辟如四時”二句，言其久也。何以久？不息而已。《易傳》曰：“日月得天而能久照，四時變化而能久成。”贊其不息之功也。

萬物并育而不相害，道并行而不相悖，小德川流，大德敦化，此天地之所以爲大也。

朱注：悖，猶背也。小德者，全體之分；大德者，萬殊之本。川流者，如川之流，脉絡分明而往不息也。敦化者，敦厚其化，根本盛大而出無窮也。

愚按：物有并育而相害者，物之惡者也；道有并行而相悖者，道之偏者也。聖人致中和以育萬物，雷霆雨露，俱無所私，動植飛潛，各得其所，故不相害。道之在天下，與人爲善而已。但使其善也，即可存於天地間，亦即在吾道包含之內。本經所以言“率性之謂道，修道之謂教”，第當無悖我性，即不至戕賊我心。乃因道不同，教不同，或嫉之，或忌之，入者主之，出者奴之，入者附之，出者污之，是自隘也，聖道不若是之小也，故不相悖。“小德川流”者，《禮記·學記篇》云：“三王之祭川也，皆先河而後海。或源也，或委也，此之謂務本。”蓋窮源竟委，格致之學也，故名之曰小德。“大德敦化”者，大而化之。敦者，厚也。《易》言“敦臨敦艮”，“安土敦乎仁”，皆言厚也。敦厚爲生命之根原，即爲聖學之根本，惟敦故能化，孟子言“所過者化”，“上下與天地同流”，故名之曰大德。此天地之所以爲大，聖人之所以爲大也。昔孟子贊孔

子引宰我、子貢、有若三子之言，可謂盛矣，然不若子思子贊
孔子更爲廣大而閎深也。

　　孫氏夏峰云：不害不悖，即於"并"處見之。有害有悖，
何以爲并育并行也？天地之化，散之爲物，運之爲道，而統之
則爲德，德豈有大小哉？就其分處語之，天下莫能破焉，優優
是也；就其合處言之，天下莫能載焉，洋洋是也。"川流"見
"生物之不測"，"敦化"見"爲物之不貳"，此天地之所以爲大
也。仲尼之德，一天地而已矣。

　　朱子云：右第三十章。言天道也。

**唯天下至聖，爲能聰明睿知，足以有臨也；寬裕温柔，足以有
容也；發强剛毅，足以有執也；齊莊中正，足以有敬也；文理
密察，足以有別也。**

　　鄭注：言德不如此，不可以君天下也。蓋傷孔子有其德
而無其命。

　　朱注：聰明睿知，生知之質。臨，居上而臨下也。其下
四者，乃仁、義、禮、智之德。文，文章也；理，條理也。密，詳
細也；察，明辯也。

　　愚按：聖字本訓爲通明。《論語》孔子曰："何事於仁，必
也聖乎！"此聖字遂爲大而化之之義。其所以繫於至誠者，至
聖爲天下之至名，至誠乃天下之至德也。《易》曰："知臨，大
君之宜。"《象》曰："大君之宜，行中之謂也。"蓋惟聰明睿知，
是以能行中庸。《尚書·堯典》曰"直而温，寬而栗"，《論語》

曰“寬則得衆”，無寬裕溫柔之德，即不足以容衆。《易傳》曰“容民畜衆”，又曰“容保民無疆”，容民者，君人唯一之度量也。發，謂發皇。《尚書·皋陶謨》言九德曰“剛而塞，强而義，擾而毅”[①]，非此不足以執德也。“齊莊中正”，即本經所謂“齊明盛服，非禮不動”，動必以禮，自能中正。敬者，列聖相傳之學。《堯典》屢言“欽哉”，欽即敬也。湯之德不過“聖敬日躋”，文之德不過“緝熙敬止”而已，學聖者其必學敬乎！文者，物象之本。王者，所以宣教布化於朝廷。理字從玉從里，蓋玉之紋理最細，里之經緯最明，窮理者精如治玉，粗如治里，則衆物之表裏精粗無不到，而吾心之全體大而無不明，自能“退藏於密”而萬品以察矣。故曰“足以有別”也。

溥博淵泉，而時出之。

愚按：溥博，廣大也。淵泉，深沈也。廣大而不深沈，其弊也流於浮，陽剛之過也；深沈而不廣大，其弊也流於刻，陰柔之過也。能以時出之，則一陰一陽之運行，與四時合其序矣。出，發見也。

溥博如天，淵泉如淵。見而民莫不敬，言而民莫不信，行而民莫不說。

鄭注：如天，取其運照不已也；如淵，取其清深不測也。

---

① 《尚書·皋陶謨》：“寬而栗，柔而立，愿而恭，亂而敬，擾而毅，直而溫，簡而廉，剛而塞，强而義。”

　　愚按：如天其大何如？如淵其深何如？蓋萬彙托其包羅，百川歸其溪壑矣。民莫不敬、信、説者，蓋至聖能自保其信用，自修其敬德，自養其和悦，而民乃莫不敬、莫不信、莫不悦也，其相感者有素也。

是以聲名洋溢乎中國，施及蠻貊；舟車所至，人力所通；天之所覆，地之所載，日月所照，霜露所隊；凡有血氣者，莫不尊親，故曰配天。

　　愚按：《尚書・皋陶謨》之贊堯曰："帝光天之下，至於海隅蒼生，萬邦黎獻。"此所謂"凡有血氣，莫不尊親"也。天以好生爲德，而至聖體之。血氣者，生機也。盈中國、蠻貊，推而至於"舟車所至"六者，皆生機之所在也。以生理感生機，焉有不鼓舞而不尊之、親之者乎？此聲名之洋溢於宇宙間，即生機之洋溢於宇宙間也。配天者，《論語》曰："巍巍乎！惟天爲大，惟堯則之。"休哉！唐、虞之世，其庶幾乎！

　　又按：狄氏云：天包地外，地處天中，地之所不載者，日月霜露固可得而及也。故以"照""隊"次"所載"言。《周髀》云："兩極之下，日月已微，嚴霜寒露所鍾。"日月之所不照者，猶霜露所可及也。故又以"所隊"次"所照"言，各句俱有倫序也。

　　朱子云：右第三十一章。承上章而言小德之川流，亦天道也。

唯天下至誠，爲能經綸天下之大經，立天下之大本，知天地之化育。夫焉有所倚？

鄭注：至誠，性至誠，謂孔子。大經，謂六藝而指《春秋》也。大本，《孝經》也。安有所倚，言無所偏倚也。

朱注：經、綸，皆治絲之事。經者，理其緒而分之；綸者，比其類而合之也。

愚按：孟子曰："君子反經而已矣。"經者，常道也。世衰道微，大經日紊，惟至誠有以經綸之。治天下之道，一經一緯而已，經緯明而秩序定焉。大本，鄭注以爲《孝經》，"君子務本，本立而道生。孝弟也者，其爲仁之本歟？"仁人之於孝，猶枝葉之有根本也，親親仁民，仁民愛物，皆從此出，故曰大本。立之者，立天經地義也。"天地之化育"，生理也，生機也，殺亦生也。至誠知之，以仁、義、禮、智上法元、亨、利、貞之德，由喜、怒、哀、樂未發之中，推而達於已發之和；"老吾老以及人之老，幼吾幼以及人之幼"，馴至萬物各得其所，損益盈虛與時消息；先天而天弗違，後天而奉天時：皆所謂知天地之化育也。知性而後知天也，夫焉有所倚，而至於窒礙不通乎？

門人陳氏柱尊云：大經者何？六經也。孔子之道，具乎六經。日月之明，星辰之行，經實系之；江河之流，華岳之高，經實系之；鬼神之靈，陰陽之精，經實系之；禽蟲之生，草木之榮，經實系之；人倫之理，國家之紀，經實系之。此說蓋宗鄭注。按《釋文》，論本作綸。《易·屯卦》"君子以經綸"，鄭本作論,云"論撰《詩》《書》《禮》《樂》,施政事"。此注以大經爲六藝,是鄭本作經論,與《易》注同也。惟其説究嫌太泥,不若訓爲常道,包涵尤廣。

肫肫其仁! 淵淵其淵! 浩浩其天!

朱注:肫肫,懇至貌。淵淵,静深貌。浩浩,廣大貌。

愚按:此言至誠之性情,學問度量,最爲精至,學聖根基,實在於此,不可不深味而曲體之也。肫肫,仁之本也,非肫肫無以爲仁也。淵淵,淵之本也,非淵淵無以成淵也。浩浩,天之表也,非浩浩無以配天也。孔子曰:"爲之不厭,誨人不倦。""欲立立人,欲達達人。"皆所謂肫肫也。老氏以煦煦爲仁,其所見小者。煦煦,其心不免於私;肫肫,其心純乎公也。由"肫肫"而進於"淵淵",猶春生而至於秋斂也,非老氏所謂"微妙元通,深不可識"也。定静安慮,退藏於密,其功邃矣,其萬物之宗乎? 由"淵淵"而進於"浩浩",如波瀾之迂迴静澂而達汪洋也。至是而至誠之量無以加矣,惟堯之"巍巍蕩蕩",舜之"與人爲善",始足擬之。顧其學之之道奈何? 孟子言"浩然之氣",曰"以直養而無害,則塞於天地之間"。"直其正也",正直,至誠之本也。人能正直養其浩浩之氣,與天相接,乃能配浩浩之天。

苟不固聰明聖知達天德者,其孰能知之?

愚按:聰明聖知,生質之美也。達天德,學問之功也。

天德者，乾德也。固者，其質其學，皆極於至誠也。其孰能知
之者，知至誠之德業而實踐之也。

朱子云：右第三十二章。承上章而言大德之敦化，亦天
道也。前章言至聖之德，此章言至誠之道。然至誠之道，非
至聖不能知；至聖之德，非至誠不能爲。此篇言聖人天道之
極致，至此而無以加矣。

愚按：此章首節言至誠之功用，次節言至誠之學行氣
象，末節嘆至誠之德未易窺測。孔子之贊堯曰"無能名"，讀
此篇，亦幾無能名矣。

**《詩》曰"衣錦尚絅"，惡其文之著也。故君子之道，闇然而日
章；小人之道，的然而日亡。君子之道，淡而不厭，簡而文，
溫而理，知遠之近，知風之自，知微之顯，可與入德矣。**

鄭注：言君子深遠難知，小人淺近易知。禪爲絅，錦衣
之美，而君子以絅表之，爲其文章露見似小人也。淡，其味似
薄也。簡而文、溫而理，猶簡而辨、直而溫也。自，謂所從來
也。三知者，皆言其睹末察本，探端知緒也。入德，入聖人
之德。

愚按："惡其文之著"，非僞也。此惡字即羞惡之心，發於
至誠者也。蓋外有文而內無文，君子之深恥而痛惡也。惟闇
然所以日章，惟的然所以日亡，的，自表見也。天下未有闇然而
不日章者也，未有的然而不日亡者。淡則易於厭，簡則近
於無文，溫則易和，和則易於失理，惟不厭而文而理，乃所以

成其爲淡、爲簡、爲温。或者謂"遠近"指道里而言，"風自"指風氣而言，"微顯"指心術而言。愚謂"知遠之近"，欲治其國，先齊其家也；"知風之自"，欲齊其家，先修其身也，《易傳》所謂"風自火出，家人，君子以言有物而行有恒也"；"知微之顯"者，欲修其身者，先正其心，欲正其心者，先誠其意也。此子思子傳曾子之學説也。三知字即所謂知所先後，皆篤實之極功也。曰"可以入德，可見入德"者，必自不表暴始，篤實不欺，斯爲道器。自來文人學士，浮躁淺露，誤用聰明，終身無入德之望，如草木榮華之飄風，可惜也。此節蓋類孟子所謂"可欲之謂善"。

李氏二曲云：一切世味淡得下，方於道味親切。苟世味不淡，理欲夾雜，則道味亦是世味。淡而不厭，非知道者其孰能之？

《詩》云："潛雖伏矣，亦孔之昭！"故君子内省不疚，無惡於志。君子之所不可及者，其唯人之所不見乎？

鄭注：孔，甚也。昭，明也。疚，病也。

朱注：《詩·小雅·正月》之篇。無惡於志，猶言無愧於心，此君子之謹獨之事也。

愚按：《詩》曰："鼓鐘于宫，聲聞于外。"伏者，昭之基也，是故君子慎其所藏也。"内省不疚，無惡於志"，疚字、惡字最有味。疚者，病也。針甋不安之念，發自良知，不疚則可復吾心光明之體矣。惡者，憾也。痛恨自責之意，亦發自良知，無惡則可復吾心正大之體矣。"入德"之後,必繼以養性之功。本經首章言"天命之性",即繼以慎獨。獨者,人之所不見也。"十目所視,十手所指",皆人之所不見也,而其所可見者,莫大乎是也。蓋天下之最可畏者,莫如人所不見之地,漢楊震所謂"天知地知"是也。人皆曰自由,夫思想自由,最所不禁,然使終日皆貪淫邪妄之念,爲法律外之思想,其可乎?即不然,而終日皆憧憧往來之念,爲性分外之思想,其可乎?君子首除貪淫邪妄之念,繼戒憧憧往來之念,非無念也,其所養者皆光明正大之志也,所以不可及也。此節較"闇然日章"之君子工夫加密,蓋類孟子所謂"有諸己之謂信"。

《詩》曰:"相在爾室,尚不愧於屋漏。"故君子不動而敬,不言而信。

鄭注:相,視也。室西北隅,謂之屋漏。視女在室獨居耳,猶不愧於屋漏。屋漏非有人也,況有人乎?

朱注:《詩·大雅·抑》之篇。承上文又言君子之戒謹恐懼,無時不然,不待言動而後敬信,則其爲己之功益加密矣。

愚按:尚,上也。君子下不愧於人,是以上不愧於天。"不若於道者,天絕之。"君子養性以修道,本心之良知,與天地之善氣息息相通,故能對越上帝而不愧。"不動而敬",非以不動爲主也,雖不動時,自然敬也;"不言而信",非以不言爲主也,雖不言時,自然信也。《禮》曰:"毋不敬,儼若思。"

儼若思，則無所不敬，故不動而敬。《易》曰："履信思乎順。"履信，則無所不信，故不言而信。是皆由平日之敬天畏民，不妄動，不妄言，浸而久之，乃能臻此境界。此節較"內省不疚"之君子工夫加密，蓋類孟子所謂"充實之謂美"。

《詩》曰："奏假無言，時靡有爭。"是故君子不賞而民勸，不怒而民畏於鈇鉞。

鄭注：假，大也。此頌也。言奏大樂於宗廟之中，人皆肅敬，金聲玉色，無有言者，以時太平和合，無所爭也。

朱注：《詩·商頌·烈祖》之篇。奏，進也。承上文而遂及其效，言進而感格於神明之際，極其誠敬，無有言說而人自化之也。威，畏也。鈇，莝斫刀也；鉞，斧也。

愚按：上三節皆言修己之功，此則推其效於民，其德爲深遠矣。"奏假無言"，一誠之相感也，非以無言爲尚也。"時靡有爭"，一人讓，一時興讓也。"不賞""不怒"，其道奚由？蓋天下之專以賞爲事者，其勢有難繼；專以怒爲事者，其神爲尤勞。濫賞濫罰，無非以勢力與民相爭，民乃不勸不畏，而天下轉以多事。"君子不賞而民勸，不怒而民畏於鈇鉞"者，惟賴誠意之感乎，蓋由平日積累使然，非一朝一夕之故，且由性情心理之相印，更非牢籠要結之所能致也。《大學》《爾雅》之釋《詩》曰："如切如磋者，道學也；如琢如磨者，自修也；瑟兮僴兮者，恂慄也；赫兮喧兮者，威儀也。"道學、自修、恂慄、威儀，皆治民之本也。此節較"不動而敬"之君子工夫加密，蓋類孟子所謂"充實而有光輝之謂大"。

《詩》曰："不顯惟德！百辟其刑之。"是故君子篤恭而天
下平。

朱注：《詩·周頌·烈文》之篇。不顯，幽深玄遠之意。
承上文言天子有不顯之德，而諸侯法之，則其德愈深而效愈
遠矣。篤，厚也。篤恭，言不顯其敬也。篤恭而天下平，乃聖
人至德淵微，自然之應，中庸之極功也。

愚按："奏假無言"，"肫肫其仁"也；"不顯惟德"，"淵淵
其淵"也。朱注以"不顯"爲幽深玄遠之意，蓋文王"小心翼
翼""徽柔懿恭"，而更能淵默靜深，所以爲百王之式也。"文
王我師也，古人豈欺我哉？"[①]"篤恭"二字，何等精神！愚嘗
謂《思齊》之詩"雍雍在宮，肅肅在廟"，文王德行之精神也；
"肆成人有德，小子有造"，文王教育之精神，即平天下之根
本也。"文王我師也"，斯言誠有味哉！此節較"奏假無言"
之君子工夫加密，蓋孟子所謂"大而化之之謂聖"。

《詩》曰："予懷明德，不大聲以色。"子曰："聲色之於以化民，
末也。"《詩》曰"德輶如毛"，毛猶有倫。"上天之載，無聲無
臭"，至矣！

鄭注：輶，輕也。言化民當以德，德之易舉而用，其輕如

---

① 《孟子·滕文公上》："文王我師也，周公豈欺我哉？"

毛耳。

朱注：《詩·大雅·皇矣》之篇。引之以明上文所謂不顯之德者，正以其"不大聲與色"也。又引孔子之言，以爲聲色乃化民之末務，今但言不大之而已，則猶有聲色者存，是未足以形容不顯之妙，不若《烝民》之詩所言"德輶如毛"，則庶乎可以形容矣。而又自以爲謂之毛，則猶有可比者，是亦未盡其妙，不若《文王》之詩所言"上天之載，無聲無臭"，然後乃爲不顯之至耳。

愚按：此乃浩浩其天也。明德者，文王之教，愚於《詩經提綱》及《大學大義》中曾詳言之。"不大聲以色"，聖人之與天合德也。天不言而四時行，百物生，天之所以爲天也；聖人不言而所過化，所存神，聖人之所以爲聖也。此與"維天之命"節遥相應。"維天之命，於穆不已"，自其運用而言；"上天之載，載，始也。無聲無臭"，自其主宰而言也。本經以"天命之性"始，以"上天之載"終，蓋"天命之性"，人得之以爲"喜怒哀樂未發之中"，所謂"人受天地之中以生"也；"上天之載"，天道之始，聖人用之以"無思無爲，寂然不動，感而遂通天下"之故，所謂"天下之至神"也，無非盡人道以合天道也。然要之"無聲無臭"，非終無也。周子《太極圖説》曰："無極而太極。"自無而之有也。文王之教，見於《易·乾卦》之《象辭》，曰："元亨利貞。"孔子引伸之曰"自强不息"，又曰"乾道變化"。然則所謂"無聲無臭"者，自有其不息者在，自有其變化者在，要皆元、亨、利、貞四德之運行，豈終歸於無哉？老子曰"聖人處無爲之事，行不言之教"，遂以無名爲天地之始，則墮於空虛矣。此節爲聖人德化之極至，蓋孟子所謂"聖而不可知之謂神"。朱子以爲承上文形容不顯之德，似覺太泥。

朱子云：右第三十三章。子思因前章極致之言，反求其本，復自下學爲己謹獨之事，推而言之，以馴致乎篤恭而天下平之盛。又贊其妙，至於無聲無臭而後已焉。蓋舉一篇之要而約言之，其反覆丁寧示人之意至深切矣，學者其可不盡心乎！

先太夫子黃氏薇香《誠説》云：子思子因誠身必先明善，申之曰"自明誠"。而《中庸》大旨，則教人以誠而已矣。戒慎恐懼，須臾不離，君子所以稱時中者，思誠也。小人未必欲反中庸，而卒反之，不思誠也。帝舜之"用中"，誠者也。顏子"擇善固執"，思誠者也。子路問強，告以"不變塞"，塞，實也，即誠也。"依乎中庸，遁世不悔"，無道不變之誠也。夫婦雖愚不肖，及思誠之至，得聖人之所不知不能；聖人之誠，及於"鳶飛魚躍"，補天地之所撼：誠無間於大小也。庸言庸德之慥慥，誠也。素位者之正己無怨，誠也。以一家言，由妻子之無睽心，致兄弟之樂且久，而父母遂順，此誠之"自邇而遠，自卑而高"，見於人事也。而誠之大者，幽足以達鬼神，帝舜、文王、武王、周公，天神格，宗廟饗，統之以誠。鬼神之盛，人視之不見，安敢不見而遺之；人聽之不聞，安敢不聞而遺之。人以心體物，知其不可遺，則不可度，不可射，誠自不

可已。故曰"夫微之顯,誠之不可揜",揜,止也。《哀公問
政》數章之言誠不待贊,《大哉聖人》數章,君子誠於崇禮,天
子誠於作禮樂。"作禮樂"與"致中和"遥應,禮以制中,樂以
敦和,誠意已瞭。"祖述憲章",特言仲尼,與首章遥應。一
則曰"惟天下至聖",再則曰"惟天下至誠",見孔子"惟至誠,
知至聖",故結之曰:"苟不固聰明聖智達天德者,其孰能知
之?"末章引《詩》言化民之誠。聲色之大,非誠也;"德輶如
毛",毛、旄通,"輕疾如旄",亦聲色之類,非誠也。《詩》曰
"上天之載,無聲無臭",言文王孚萬邦,誠如天也。解《中
庸》者當知"不見而章,不動而變",皆誠之所格。而或以戒
慎恐懼爲佛法之常惺惺,或以無聲無臭歸之寂滅,皆諱言思
者也。竊以爲孟子改《中庸》"誠之"爲"思誠",士蓋有思誠
而未誠者矣,安見不思而誠之哉?"誠者,不思而得",謂有
時不思而誠無間斷也。思誠者有所間斷,思以續之者也。如
謂"誠者不思",失子思子之意,如教誠之者不思,又豈孟子
之意? 謹按: 此説極精。惟以"聲色化民""德輶如毛"爲非誠,恐非經意。
蓋經傳以此證無聲無臭之妙,非菲薄是二端也。愚嘗作陳氏柱尊《中
庸通義序》云: 自古有畫而不夜,夜而不畫,日夕忽其候者
乎? 無有也。有春而不夏,秋而不冬,四時倒其序者乎? 無
有也。潮流之漲縮也,視乎晦朔盈虚,有水行而失其信者乎?
無有也。是何也? 曰誠也。孔子作《易·乾卦·文言傳》,曰
"存誠",曰"立誠",以發明天行之道。傳之於子思子,子思
子述而言曰:"誠者,天之道也;誠之者,人之道也。"又傳之

於孟子，孟子發明之曰："至誠而不動者，未之有也。"又曰："反身而誠，樂莫大焉。"又傳之於周子，周子發明之曰："大哉乾元，萬物資始，誠之源也。乾道變化，各正性命，誠斯立焉。"又曰："誠精而明，誠、神、幾曰聖人。"大哉誠也。其天地之奧，國家之所以立乎？不誠則無物，無物則爲邪暗，爲欺詐，爲機變之巧，人心至此，世道遂不可問。以"尊德性，道問學"之君子，而至於"默然以容"，"明哲以保其身"，此何爲者也？皆由天下之不誠也。聖人有救之之道焉，曰慎獨。《中庸》三十三章，所言無非誠，而其始終要歸於慎獨。自"未發之中"，以至"位天地，育萬物"，慎獨之功也；自"闇然而日章"，以至於"無聲無臭"，慎獨之功也；"莫見乎隱，莫顯乎微"，君子能戒慎恐懼，而不愧屋漏，則所謂"不動而敬，不言而信，篤恭而天下平"者，一以貫之矣。舜"好問察邇"，此誠也；文王之"純一不已"，亦此誠也。反是而爲邪暗，爲欺詐，爲機變之巧，是即"小人之中庸也，小人而無忌憚也"。小人而猶自以爲中庸也，不誠之至也。世界之壞，壞於此也；人心之亡，亡於此也。中國士大夫違慎獨之旨，畏慎獨之言，破慎獨之見，而天下危矣。"至誠之道，可以前知"者也，"國家將興，必有禎祥；國家將亡，必有妖孽"。周子曰："幾，善惡。"其可畏哉！聖人於是大聲疾呼曰："果能此道矣，雖愚必明，雖柔必强。"蓋能誠，則愚者明，柔者强；不能誠，則明者愚，强者柔。大哉誠乎！"鳶飛戾天，魚躍于淵"，其誠之所在乎？"肫肫其仁，淵淵其淵，浩浩其天"，其誠之所極乎？

人性推極於天命,聖功媲美於天載,徹始徹終。夫微之顯,皆誠之不可揜乎? 孔子曰:"乾坤毀,則無以見《易》。《易》不可見,則乾坤或幾乎息矣。"愚竊附其義曰:中庸毀,則無以見誠。誠不可見,則中庸或幾乎息矣。

中庸鄭注講疏

顧實 撰

自　序

　　《漢書·藝文志》有《中庸説》二篇，非即《中庸》一書也。今存《中庸》一書，乃儒家《子思子》之一篇而收入《小戴禮記》者也。然《隋書·經籍志》有宋戴顒《中庸傳》二卷、梁武帝《中庸講疏》一卷、《私記制旨中庸義》五卷，則《中庸》之有單行本自江左始矣。宋仁宗天聖五年，復以《中庸篇》賜新進王堯臣等，爾後趙氏諸主沿爲故事。朱子表章《四書》，歷元、明、清三朝，而《中庸》遂爲八股干禄之第二書。然《中庸》一書，固自爲繼天立極之大哲學書，其有永久存在之價值，不能没也。孔子之孫子思作《中庸》，原以追頌其聖祖孔子教化之功德，“博厚配地，高明配天，悠久無疆。聲名洋溢乎中國，施及蠻貊，舟車所至，人力所通，天之所覆，地之所載，日月所照，霜露所隊，凡有血氣者，莫不尊親”。迄今孔子爲三千年之教主，長使中國民族性不滅，五洲咸知向慕。豈非子思作此書，早已預言於三千年之前哉？

　　《中庸》曰：“自誠明，謂之性。自明誠，謂之教。”此實形上、形下之關鍵，亦即徹上、徹下之工夫。司馬遷曰：“《易》

本隱以之顯,《春秋》推見至隱。"①嚴復曰:"本隱以之顯者,外籀 Deduction 之術也。推見至隱者,内籀 Induction 之術也。"是故,自誠明謂之性者,用演繹法而立論者也;自明誠謂之教者,由歸納法而立論者也。《中庸》一書,主尊德性而道學問,不似《大學》一書主道學問,純用歸納式之方法。故讀《中庸》者,亦當觀其用演繹式之"本隱以之顯",故曰:"天命之謂性,率性之謂道,修道之謂教。莫見乎隱,莫顯乎微。喜怒哀樂之未發,謂之中,發而皆中節,謂之和。致中和,天地位焉,萬物育焉。"此實全書之冒頭也。爾後發揮中庸二字之義諦,原本《周官・大司樂》"以樂德教國子,中和、祇庸、孝友",則是中庸者,"中和、祇庸、孝友"之略語也。故孔子曰:"中庸,其至矣乎! 民鮮能久矣。"明周之盛事,自周衰失政以來,民鮮能有及之者矣。然而天生孔子,費而隱,中立而不倚。肫肫其仁,修道之謂教。以忠恕違道不遠,素位而行,庸德之行,庸言之謹。本諸身,徵諸庶民,考諸三王而不謬,建諸天地而不悖,質諸鬼神而無疑,百世以俟聖人而不惑。於是子思頌之曰:"仲尼祖述堯、舜,憲章文、武。"祖述者何?術也。憲章者何? 法也。術運用之于一心,以偶象端,而其要者曰誠,故曰"誠之爲貴,誠者物之終始,不誠無物"。法編著之於圖籍,布在方策,而其要者曰禮,故曰"禮儀三百,威儀三千,苟不至德,至道不凝焉"。是亦可睹孔子教化精神

---

① 《史記・司馬相如列傳第五十七》:"《春秋》推見至隱,《易》本隱之以顯。"

之大略矣。然而其記述之文字,悉出於"本隱以之顯"之方式。全書之殿末,則曰"上天之載,無聲無臭",復返本於隱矣。

夫惟《中庸》用"隱以之顯"之成法,故《易》與《中庸》之文義多有同者。《易》上經首《乾》《坤》爲天地,乾道變化,各正性命,保合太和;《中庸》則言"天命之謂性,率性之謂道,致中和,天地位焉"。《易》下經首《咸》《恒》爲夫婦,《中庸》則言"君子之道,造端乎夫婦"。《易》言"與時偕行",《中庸》則言"時中"。《易》言"閑邪存誠",《中庸》則言"誠之爲貴"。《易》言"自强不息",《中庸》則言"至誠無息"。《易》言"獨立不懼,遯世无悶",《中庸》則言"中立而不倚,遯世不見知而不悔"。《易》言"庸言之信,庸行之謹",《中庸》則言"庸德之行,庸言之謹"。《易》言"容民畜衆",《中庸》則言"其默足以容"。《易》言"學以聚之,問以辨之,寬以居之,仁以行之",《中庸》則言"博學之,審問之,慎思之,明辨之,篤行之"。《易》言"廣大配天地,變通配四時,陰陽之義配日月",《中庸》則言"博厚配地,高明配天,辟如四時之錯行,如日月之代明"。《易》言"神道設教,人謀鬼謀,與鬼神合其吉凶",《中庸》則言"鬼神體物而不可遺,質諸鬼神而無疑"。是亦足徵子思孫述其祖,家學淵源矣。抑且《易》本隱以之顯,《春秋》推見至隱,一演繹,一歸納,法本相通。故仲尼"祖述堯、舜,憲章文、武,上律天時,下襲水土",而鄭注以《春秋》當之,未爲非也。雖然,今欲發揚孔子之教澤,令學子讀《中庸》一書，尚有二事當知者。

其一曰歷史之恐慌　儒教雖不若回教穆氏所唱“刀影劍光之下，即是天國”，然孔子曰：“有文事者，必有武備；有武事者，必有文備。”恰合中和之義。故《中庸》曰：“喜怒哀樂之未發，謂之中；發而皆中節，謂之和。”何以中節？則有吉禮所以飾喜者也，軍禮所以飾怒者也，凶禮所以飾哀者也，嘉禮所以飾樂者也。自梁武帝講《老子》《中庸》而餓死臺城，趙宋諸主喜《大學》《中庸》而以庸弱亡中國，程朱諸儒喜以禪學遍説《四書》，於是中國遂以偃兵而造兵，有佛氏之隨喜而無古人之武怒，有莊生之哀心而無孔子之樂天。若此而不糾正，中國將永淪於萬劫不復矣。故余取鄭注而爲之疏，庶幾見尼山之真面，導學子於正軌乎！

其二曰時代之處置　子思家學淵源，《中庸》既多衍《易》義，古今説《易》之書，汗牛充棟。然孔子《十翼》，顛撲不破；《説卦》一篇，歷述六十四卦先後之次，則知社會政府所由發生之序，恰符於民約建國説，而無可疑義。《中庸》之“君子費而隱”“貞下起元”，不甚近於民約乎？但時未成熟，君主猶存。今民國廢君主，則凡讀群經以深受孔子之教澤者，正宜用政教分離之成法。凡道德之教化，深受而無不宜。惟關於古政君主之部分，正宜處以歷史之批評，明不可復施於今，庶乎讀經者永弭復辟之思乎？

明此二者，則不僅《中庸》可讀，群經皆可讀矣。宋儒用禪學法以讀儒書，最喜演繹式之“本隱以之顯”，而不快於歸納式之“推見至隱”。故獨於歸納式之《大學》一書，竄改割裂，不可爲訓。惟於演繹式之《中庸》一書，無有竄改。然分章多寡，亦復不一。余謂離經辨志，法得自由，《書》之分篇，《詩》之分章，姬漢參差，毛鄭异同，則於《中庸》一書之分章，亦何不可自由乎？故余書分十六章，且各標二字，取易解記，爲便講習之用，不背聖教之旨云爾。

　　中華民國二十四年乙亥夏曆中秋日武進顧悸生自識於南京至誠山廬

目　録

中庸鄭注講疏

一章　修　道

天命之謂性，率性之謂道，修道之謂教。

　　鄭注：天命，謂天所命生人者也，是謂性命。木神則仁，金神則義，火神則禮，水神則信，土神則知。《孝經説》曰："性者，生之質。命，人所稟受度也。"[1]率，循也。循性行之，是爲道。修，治也。治而廣之，人放效之，是曰教。

　　謹案：《大學》一書，由外而内，以人、物爲始基者也。《中庸》一書，由内而外，以性、心爲始基者也。故《大學》以明德、親民、至善三元素 Principles 而成立，《中庸》以性、道、教三元素 Principles 而成立。《大學》宜屬政治哲學 Political Philosophy，《中庸》則宜屬教化哲學 Education or Religion Philosophy 者也。鄭《目録》云："名曰《中庸》者，以其記中和之爲用也。庸，用也。孔子孫子思伋作之，以昭明聖祖之德。

----

[1]　通行本標點爲："性者，生之質命，人所稟受度也。"

此於《別録》屬《通論》。"然子思剖解聖祖之德,一曰"天命之
謂性",明孔子受命自天也;二曰"率性之謂道",明孔子奉天
承運也;三曰"修道之謂教",明孔子垂教萬世也。何謂命?
古命、令二字通用。金文尤多見此例。令①從亼從卩,亼、合通用
字,卩、節通用字,"若合符節"。故天命者,天人默契之意
也。今人則謂負有上天之使命矣。何謂性? 生、性通用字,
性即生之後起增文。是先由唯生主義,而後加以唯心主義
也。何謂道? 首、道通用字,道即首之後起增文。辵者,行
也,元首非股肱不行。是先由唯首主義,而後加以唯行主義
也。何謂教? 學、教皆爻之孳乳字。伏羲首畫卦垂教,"文、
武之道同伏羲"。《荀子·成相篇》。孔子曰:"文王既没,文不在
兹乎!"故人更三聖,世歷三古,而其垂教則同。惟政、教二
字俱從攴,則又以明非有强力不能推行也,故孔子告子路有
"君子之强"也。且孟子曰:"堯、舜,性之也。湯、武,反之
也。"是唐虞三代皆率性而行也。《淮南子》曰孔子修周公之
篇籍,《要略篇》。是亦修道之徵也。鄭注以木、金、火、水、土
五行釋性,是《大雅·烝民》詩之所謂物象也。荀子詆子思、
孟子造説五行,《非十二子篇》。則門户之見,當別論之。又,鄭
注引《孝經説》,乃《孝經緯》文。

　　附記　翟氏灝《四書考異》謂"修道之謂教"其教字當作
敬者,非也。

---

① 　原作命,此處從《國專月刊》本。

道也者，不可須臾離也。可離，非道也。

鄭注：道，猶道路也，出入動作由之，離之惡乎從也？

謹案：道本率性而行，人不能須臾離其性命，即不能須臾離道也。夏道不亡，商德不作；商道不亡，周德不作；周道不亡，《春秋》不作。惟天下之至誠爲能盡其性，盡其性者，盡其道也。"立天之道，曰陰與陽。立地之道，曰柔與剛。立人之道，曰仁與義。"天未嘗須臾離其陰陽，地未嘗須臾離其柔剛，人亦何可須臾離其仁義哉？若其可離，則不仁不義，亡國敗家，史不絕書，是豈道哉？故曰非道也。

是故君子戒愼乎其所不睹，恐懼乎其所不聞。

鄭注：小人閑居爲不善，無所不至也。君子則不然，雖視之無人，聽之無聲，猶戒愼恐懼自修，正是其不須臾離道。

謹案：戒愼者，戒備愼防也；恐懼者，惶恐憂懼也。"上天之載，無聲無臭"，降命於人，莫見莫聞，故當"戒愼乎其所不睹，恐懼乎其所不聞"，戒愼恐懼乎其須臾離道也。上天生人，畀之以性。人之性，莫不可以自强，積人而成國，故國之性亦莫不可以自强也。惟人逐於耳目之欲，而莫知有不見不聞之大者，故人恆弱而國恆亡。運籌帷幄，決勝千里，斯非不睹不聞者乎？而足以滅人國，亡其種，可不戒愼恐懼乎？是故"齊明盛服，非禮不動"，所以承天之大命乎！鄭注引《大學》之"小人閑居爲不善"，小人者，君子之反也。《禮記》有

《仲尼閑居》①《仲尼燕居》兩篇,豈可與小人并論哉!

莫見乎隱,莫顯乎微,故君子慎其獨也。

　　鄭注:慎獨者,慎其閑居之所爲。小人於隱者動作言語,自以爲不見睹,不見聞,則必肆盡其情也。若有占聽之者,是爲顯見,甚於衆人之中爲之。

　　謹案:誠於中者形於外,生其心者害其政。孔子匹夫庶人也,而學不厭,誨不倦,德侔天地,名并日月,當世之王公大人莫及也,是孔子之隱微而顯見於天下萬世。故曰"莫見乎隱,莫顯乎微"也。《禮器》曰:"禮之以少爲貴者,以其内心者也。德產之致也精微,觀天下之物,無可以稱其德者,如此,則得不以少爲貴乎?是故君子慎其獨也。"蓋天地之間,無物爲大,唯心爲大。心則不競,於人何尤?今日醉心物質文明者,豈知不誠無物乎?今日中國尚止半開化,果誰之罪乎?非國之人莫爲慎獨之行乎?

喜怒哀樂之未發,謂之中;發而中節,謂之和。中也者,天下之大本也。和也者,天下之達道也。

　　鄭注:中爲大本者,以其含喜怒哀樂,禮之所由生,政教自此出也。

　　謹案:喜怒哀樂之未發謂之中者,藏而未發也。是故中

---

① 應爲《孔子閑居》。

者，藏也。"中心藏之，何日忘之？"嗟夫！古今來天下事之
可喜可怒可哀可樂者，可勝言哉？"或生而知之，或學而知
之，或困而知之，及其知之，一也。"迨其發爲喜怒哀樂皆中
節者，禮節所在，吉禮所以飾喜者也，軍禮所以飾怒者也，凶
禮所以飾哀者也，嘉禮所以飾樂者也。禮樂不可斯須去身，
"或安而行之，或利而行之，或勉強而行之，及其成功，一
也"。是故中也者，天下之大本也，賴有心知也。和也者，天
下之大道也，賴有身行也。今日中國之可喜可怒可哀可樂
者，可勝言哉？國之人，其亦能知能行此中和乎？

致中和，天地位焉，萬物育焉。

　　鄭注：致，行之至也。位，猶正也。育，生也，長也。

　　謹案：致中和者，盡心力而爲之也。天下雖亂，我心
自安。昔堯遭洪水，天下大亂，《堯典》曰"欽明文思安
安"，是堯之安行自若也。孔子生當春秋之世，天下大亂，
然《孝經》曰："孝弟之至，通於神明，光於四海，無所不
通。"故孔子志在《春秋》，行在《孝經》，此其盡心力而爲
之，所以致中和也。《孝經疏》[①]載劉瓛、張禹之言，以爲：
"仲者，中也；尼者，和也。孔子有中和之德，故曰仲尼。"蓋
仲、中通用字。孔子母顏徵在，禱於尼丘山而生孔子，故名
丘，字尼。《爾雅·釋地》曰"泥丘"。[②] 尼、泥通用字，泥者，

---

①　即皮錫瑞所著《孝經鄭注疏》。
②　出處應爲《爾雅·釋丘第十》。

水土之和也，故尼得訓和也。以上參據俞樾說。然則孔子之中
和主義，受自其母之命名也，終於"祖述堯、舜，憲章文、武，
上律天時，下襲水土"，豈非"天地位焉，萬物育焉"乎？蓋
天下雖亂，而孔子自力行之，至今蒙其利，豈能否認子思此
頌爲虛語乎？嗟夫！今日中國何時，正患無力行若孔子其
人耳。

二章　　時　　行

仲尼曰："君子中庸，小人反中庸。君子之中庸也，君子而時中。小人之反中庸也，小人而無忌憚也。"

　　鄭注：庸，常也，用中爲常道也。反中庸者，所行非中
庸，然亦自以爲中庸也。君子而時中者，其容貌君子，而又時
節其中也。小人而無忌憚，其容貌小人，又以無畏難爲常行，
是其反中庸也。

　　謹案：王肅本作"小人之反中庸也"，今從之。孔子素
王，没而猶謙比諸侯，以字爲謚，據隱八年《左氏傳》。故《史記》
有《孔子世家》。後世無知，追謚曰文宣王，妄矣哉！堯曰：
"天之曆數在爾躬，允執其中。"此"中"也。舜曰："奮庸熙帝
之載。"《堯典》。皋陶曰："自我五禮有庸哉！"又曰："車服以
庸。"《皋陶謨》。此"庸"也。《周官》："大司樂掌成均之法，以
治建國之學政。以樂德教國子：中和、祗庸、孝友。"然則中
庸者，"中和、祗庸、孝友"之略語也。此"樂德"也。故夔典

樂，“教胄子，直而温，寬而栗，剛而無虐，簡而無傲”。皋陶贊之曰：“寬而栗，柔而立，愿而恭，亂而敬，擾而毅，直而温，簡而廉，剛而塞，強而義。彰厥有常，吉哉！”斯不亦可見孔子統唐虞三代之道德，一以貫之，故“祖述堯、舜，憲章文、武”乎？莊生有言：“聖人外化而内不化。”故“素富貴，行乎富貴；素貧賤，行乎貧賤；素夷狄，行乎夷狄；素患難，行乎患難。無入而不自得”。此君子之中庸，“君子而時中”也。末世智短者不然，偷取一時之功利，妄持一曲之成見。故“寢兵之説勝，則險阻不守。兼愛之説勝，則士卒不戰。全生之説勝，則廉耻不立。私議自貴之説勝，則上令不行。群徒比周之説勝，則賢不肖不分。金玉貨財之説勝，則爵服下流。觀樂玩好之説勝，則奸民在上位。請謁任舉之説勝，則繩墨不正。諂諛飾過之説勝，則巧佞者用”。《管子・立政九敗》。此小人之反中庸，“小人而無忌憚”也。嗟夫！今日中國何時，抑何反中庸者之多也！

子曰：“中庸其至矣乎！民鮮能久矣。”

鄭注：鮮，罕也。言中庸爲道至美，顧人罕能久行。

謹案：一本作“中庸之爲德，其至矣乎”，似較勝。但校以鄭注，則疑非鄭所見本耳。中庸之爲德，導源於唐虞三代，迨周衰失政，故曰“民鮮能久矣”。孔子起而繼周，垂教萬世，故曰：“其或繼周者，雖百世可知也。”

子曰:"道之不行也,我知之矣:知者過之,愚者不及也。道之不明也,我知之矣:賢者過之,不肖者不及也。人莫不飲食也,鮮能知味也。"

鄭注:罕知其味,謂愚者所以不及也。過與不及,使道不行,唯禮能爲之中。

謹案:若寢兵之説、兼愛之説、全生之説、私議自貴之説、群徒比周之説,蓋皆賢知之過也,此道之所以不行不明也。若金玉財貨之説、觀樂玩好之説、請謁任舉之説、諂諛飾過之説,蓋皆愚不肖之不及也,此亦道之所以不行不明也。夫道何以必統乎知、愚、賢、不肖哉?道固無所不在耳。抑且"作者之謂聖,述者之謂明",《樂記》。故"知者創物,巧者述之"。《考工記》。畢竟先有事實,後有理論,故行道與明道,大有先後之別矣。以飲食爲喻,亦泛言之詞,奚必如易牙能別淄、澠二水之味,乃真爲能知味哉?

子曰:"道其不行矣夫!"

鄭注:閔無明君教之。

謹案:孔子有其德,無其位,無政治地位也。然周流列國,弟子三千,則非無教化地位也。是孔子憂道不行,而道未嘗不行也。是故"道也者,不可須臾離也,可離非道也"。孔子厄於陳蔡,弦歌鼓舞不輟。子貢曰:"吾不知天之高也,地之下也。古之得道者,窮亦樂,通亦樂,所樂非窮通也,道德於此,則窮通爲風雨寒暑之序矣。"《莊子・讓王篇》。是倘所謂道有不行之行也乎？

三章　執　中

子曰：“舜其大知也歟！舜好問而好察邇言，隱惡而揚善，執其兩端，用其中於民，其斯以爲舜乎！”

鄭注：邇，近也。近言而善，易以進人，察而行之也。兩端，過與不及也。用其中於民，賢與不肖皆能行之也。斯，此也。其德如此，乃號爲舜，舜之言充也。

謹案：孟子曰：“雞鳴而起，孳孳爲善者，舜之徒也。”《盡心上篇》。舜善用平旦之氣，清明在躬，志氣如神，宜爲大知矣。孟子又曰：“舜之居深山之中，與木石居，與鹿豕游，其所以异於深山之野人者幾希。及其聞一善言，見一善行，若决江河，沛然莫之能禦也。”《盡心上篇》。又曰：“舜明於庶物，察於人倫，由仁義行，非行仁義也。”《離婁下篇》。又曰：“子路，人告之以有過，則喜。禹聞善言，則拜。大舜有大焉，善與人同。舍己從人，樂取於人以爲善。自耕、稼、陶、漁以至爲帝，無非取於人以爲善者。取諸人以爲善，是與人爲善者也。故君子莫大乎與人爲善。”《公孫丑上篇》。然則舜“好察邇言”者，政在悦邇而來遠也。“隱惡而揚善”者，與人爲善也。“執其兩端，用其中於民”者，狂夫之言，聖人擇焉。故自耕、稼、陶、漁以至爲帝，無非取於人者。所居一年成聚，二年成邑，三年成都，天下歸往之爲王，豈偶然哉？且夫庸者，用也，如舜之用其中於民，所以爲中庸也。故君子之中庸，君子而時中也。鄭注云"舜之言充也"，舜、充一聲之轉。孔疏引《謚法》："受禪成功曰舜，仁義盛明曰舜，皆是道德充滿之意。"是也。

子曰："人皆曰予知，驅而納諸罟擭陷阱之中，而莫之知辟也。人皆曰予知，擇乎中庸而不能期月守也。"

鄭注：予，我也。言凡人自謂有知，人使之入罟，不知辟也。自謂擇中庸而爲之，亦不能久行。言其實愚又無恒。

謹案：人皆曰予知者，此"予知自雄者"適成爲道途之人，而不得爲舜之徒。舜惟不自有其知，而取人之知以爲知，所以成其爲舜也。凡予知自雄者，必驕泰自滿，而不肯虛衷下問。故一旦爲巧言利辭陰驅潛率，納於罟擭陷阱之中而不知辟也。罟者，綱之總名也；擭者，捕獸之機檻也；陷阱者，穿地陷獸之坑阱也。是予知自雄者，人也而自陷於獸矣。予知自雄者縱有一旦天良激發，能效舜之擇乎中庸，然不能期月守也。極言庸愚之人，難與爲善，所以自古昏暴之人，終必亡國敗家矣。

子曰："回之爲人也，擇乎中庸，得一善，則拳拳服膺而弗失之矣。"

鄭注：拳拳，奉持之貌。

謹案：回者，顏淵名也，名回字淵，孔子之第一高徒也。其心三月不違仁，故能擇乎中庸，得一善，則拳拳服膺而弗失之。《論語》記孔子曰："有顏回者好學，不遷怒，不貳過。"孔子繫《易》曰:"顔氏之子,其殆庶幾乎?"逮孔子没而儒分爲八,有顔氏之儒焉。《莊子》書記顔回之言不少,而莊子自言:"庸也者,用也;用也者,通也;通也者,得也。適得而幾矣。"《齊物論篇》。其即顔氏之儒之餘緒乎?

子曰:"天下國家可均也,爵禄可辭也,白刃可蹈也,中庸不可能也。"

鄭注:言中庸難爲之難。

謹案:"天下國家可均"者,治國平天下也。得位乘時,則不難爲之矣。"爵禄可辭"者,讓王高蹈也,好名之人,能爲之矣。"白刃可蹈"者,奮不顧身也,血氣之勇,能爲之矣。此皆一曲之事,非全量之事。若中庸者,一人行之,不聞有餘,天下行之,不聞不足。從容中道,無入而不自得,所以爲全量也。吾不知天之高也,地之下也,道德在此,則窮通爲風雨寒暑之序矣。

子路問强。子曰:"南方之强與? 北方之强與? 抑而强與?"

鄭注:强,勇者所好也。言三者所以爲强者异也。抑,辭也。"而"之言"女"也,謂中國也。

謹案:而、女一聲之轉,女字亦變作汝也。南方之强、北方之强,皆泛指風俗而言之。惟"而强"者,明指子路而言也。《説苑》載子路鼓瑟,有北鄙之聲。孔子聞之曰:"信矣!由之不才也。夫先王之制音也,奏中聲,爲中節,流入於南,不歸於北。南者生育之鄉，北者殺伐之域，故君子執中以爲本，務生以爲基。故其音溫和而居中，以象生育之氣，憂哀悲痛之感不加乎心，暴厲淫荒之動不在乎體。夫然者，乃治存之風，安樂之爲也。彼小人則不然，執末以論本，務剛以爲基，故其音湫厲而微末，以象殺伐之氣。和節中正之感不加乎心，溫儼莊恭之動不存乎體。夫殺者，乃亂亡之風，奔北之爲也。昔舜造南風之聲，其興也勃焉，至今王公述而不釋。紂爲北鄙之聲，其廢也忽焉，至今王公以爲笑。彼舜以匹夫，積正合仁，履中行善，而卒以興。紂以天子，好慢淫荒，剛厲暴賊，而卒以滅。今由也匹夫之徒，布衣之醜也，既無意乎先王之制，而又有亡國之聲，豈能保七尺之身哉？"《修文篇》。然則子路不自勝其北方偏戾之氣，故孔子明示"而強"，欲導之於中庸也。

"寬柔以教，不報無道，南方之强也，君子居之。"

鄭注：南方以舒緩爲强。不報無道，謂"犯而不校"也。

謹案：周季人嘗言南方無窮，蓋地荒人稀，故其風寬緩也。夫吳泰伯之至德、延陵季子之知禮，《禮記·檀弓篇》。未必能代表南方之强。惟孔子南之沛，見老聃，《莊子·天運篇》。而老聃著書，號《老子道德經》。《道德經》曰"知常容，容乃公"，此即寬也。又曰"天下之至柔，馳騁天下之至剛"，此即柔也。又曰"强梁者不得其死，吾以爲教父"，此即寬柔以教也。又曰"大小多少，報怨以德"，此即不報無道也。若老子者,其足以代表南方之强乎? 況爲孔子之所身從受教者耶? 宋翔鳳説略同。

"衽金革,死而不厭,北方之强也,而强者居之。"

鄭注:衽,猶席也。北方以剛猛爲强。

謹案:周季人已知北方有窮,蓋地狹人稠,故其風迫急也。孔子曰:"微管仲,吾其被髮左衽矣。"被髮左衽,北族也。被、編、辮通用字,被髮即辮髮也。《左氏傳》曰:"晋居深山,戎狄之與鄰,拜戎之不暇。"《昭十七年》。是齊、晋二國,横障戎狄,北方已成戎狄世界也。戎之造字,從戈從十,十即古文甲字。是披堅執鋭,以革爲堅甲,以金爲鋭戈也。衣卧不釋,故曰"衽金革"也。今蒙古俗猶夜不脱衣,著衣以爲衽席而卧。若"死而不厭",則雖死而不悔也。"而强"者,汝强也,指子路也。《漢書》曰:"衛本國既爲狄所滅,文公徙帝丘。①周末有子路、夏育,民人慕之。故其俗剛武,上氣力。"《地理志》。即其證也。然則終春秋戰國之世,衛最後亡,正以其民俗剛勁所致矣?

"故君子和而不流,强哉矯。中立而不倚,强哉矯。國有道,不變塞焉,强哉矯。國無道,至死不變,强哉矯。"

鄭注:此抑女之强也。流,猶移也。塞,猶實也。國有

---

① 《漢書·地理志》:"衛本國既爲狄所滅,文公徙封楚丘,三十餘年,子成公徙於帝丘。"

道，不變以趨時；國無道，不變以辟害。有道無道，一也。
矯，强貌。塞或爲色。

謹案：此孔子之因材施教。子路本强者，而導其爲君子
之强，所以勉使趨於中庸也。"和而不流"，"中立而不倚"，
皆中庸之道也。塞讀爲塞，或爲色，借用字，猶言本色也。然
思、塞一語之轉，故《堯典》文思，《今文尚書》作文塞，即其證
也。禹稷思天下有飢溺者，周公思兼三王。故"國有道，不變
塞焉"者，不變其所宿思，明雖富貴，不以淫其志也；"國無道
至死不變"者，亦不變其所思，明雖貧賤，不能移，威武不能
屈也。反覆言"强哉矯"者，贊嘆之詞。其後子路卒死於衛孔
悝之難，可謂不負孔子之教者矣。

四章　造　　端

子曰："素隱行怪，後世有述焉，吾弗爲之矣。"

鄭注：素，讀如"攻城攻其所傃"之傃。傃，猶鄉也。言方
鄉辟害隱身，而行詭譎，以作後世名也。弗爲之矣，恥之也。

謹案：《漢書·藝文志》神仙家引作"索隱行怪"，素、索
形聲俱易誤字，猶九丘八索亦誤作八素也，此當讀素爲是。
鄭注讀爲傃，訓鄉也，即向也。通作溯，亦通作蘇，皆向也。
"素隱行怪"者，謂專向隱居而爲迂怪之行，神仙家是也。下
文之"費而隱"者，乃與時拂逆而隱，雖隱而仍有"庸德之行，
庸言之謹"，則非素隱行怪者可同論也。是以孔子不得其政，

退隱而行其教，不語神怪，欲人之勉乎中庸也。

"君子遵道而行，半塗而廢，吾弗能已矣。"

鄭注：廢，猶罷止也。弗能已矣，汲汲行道，而爲時人之隱行。

謹案：道者，終身行之，不聞有餘，萬世行之，不聞不足。若遵道而行，半途而廢，則是"擇乎中庸，而不能期月守者"類也。孔子自言弗能已之，此孔子所以成其爲萬世之師也。

"君子依乎中庸，遁世不見知而不悔，唯聖者能之。"

鄭注：言隱者當如此也，唯舜爲能如此。

謹案：孟子曰："舜居深山之中，與木石居，與鹿豕游。"《盡心上篇》。"飯糗茹草，若將終身焉。"《盡心下篇》。孔子曰："莫我知也夫！下學而上達。不怨天，不尤人。知我者其天乎？"此《中庸》所以上述天命，雖修道之謂教，三千弟子七十二賢，而世莫宗予，道不行於當世，寧遁世不見知而不悔。然豈若長沮、桀溺輩所甘爲遁世之士哉？

君子之道，費而隱。

鄭注：言可隱之節也。費，猶佹也。道不費則仕。

謹案：弗、拂、佛、費皆同聲通用字。《大學》曰："拂人之性。"鄭注亦云："拂，佹也。"佹、詭通用字，詭、乖一聲之轉。故費而隱者，謂與時拂逆乖違，則隱居以求其志，若舜居深山然，非素隱行怪者。尤以孔子周流列國，終老尼山，修周公之篇籍，垂教萬世，故漢後儒生衣鉢相承，多有隱居教授者矣。

夫婦之愚，可以與知焉，及其至也，雖聖人亦有所不知焉；夫婦之不肖，可以能行焉，及其至也，雖聖人亦有所不能焉。

鄭注：與，讀爲"贊者皆與"之與。言匹夫匹婦愚耳，亦可以其與有所知，可以其能有所行者，以其知行之極也。聖人有不能如此，舜好察邇言，由此故與？

謹案：必言夫婦者，男女平權也。夫唱婦隨，義取相扶也。今人曰互助。夫婦之愚不肖而可以與知能行，且其知之至、行之至，而聖人有所不能知、不能行焉。此舜之所以取於人以爲善也。今人皆知孔子爲聖人，而不知其弟子有賢於孔子者。"子夏問於孔子曰：'顏淵之爲人也，何若？'曰：'回之信，賢於丘也。'曰：'子貢之爲人也，何若？'曰：'賜之敏，賢於丘也。'曰：'子路之爲人也，何若？'曰：'由之勇，賢於丘也。'曰：'子張之爲人也，何若？'曰：'師之莊，賢於丘也。'"《説苑・雜言篇》。此可證聖人之有所不能知、不能行矣。

天地之大，人猶有所憾。

鄭注：憾，恨也。天地至大，無不覆載，人尚有所恨焉，況於聖人能盡備之乎？

謹案：古説天缺西北，地傾東南，況天降災祲，地出妖孽，皆人之所不能無憾也。是以自古無完人，費於時而隱焉，曷足怪哉？

故君子語大，天下莫能載焉；語小，天下莫能破焉。

鄭注：語，猶説也。所説大事，謂先王之道也；所説小事，謂若愚不肖夫婦之知行也。聖人盡兼行。

謹案：隱居放言，故語大則天下莫能載，語小則天下莫能破也。稱先王之道而莫之能行，非天下莫能載乎？化及愚不肖夫婦之知行而國性不滅，非天下莫能破乎？故孔子之道，雖不行於當時，而教澤彌綸深至，後世匹夫匹婦聞風嚮慕，景仰無窮。所以吾民族屢亡國，而亦屢復國也。然則吾人居今之世，當思繼往開來，又曷勝深自懍慄，而不急於所務哉？

《詩》云：“鳶飛戾天，魚躍于淵。”言其上下察也。

鄭注：察，猶著也。言聖人之德至於天，則鳶飛戾天。至於地，則魚躍于淵。是其著明於天地也。

謹案：此《大雅·旱麓》之詩，鳶、雖同字，亦作鴟，即鵰也，鴟也。察，亦至也。鳶、魚猶有自由，一飛戾天，一躍於淵，豈可人而不如鳶、魚乎？河山依舊，人物已非，君子思之，能無奮飛乎？故子思引《詩》以興感，厥意深矣。吾聞教育者，復仇之母也。《春秋》大九世復仇。國仇未報，吾將安處？匈奴未滅，何以家爲？指鳶、魚以爲誓，國之自由，不亦當如是耶？

君子之道，造端乎夫婦，及其至也，察乎天地。

鄭注：夫婦，謂匹夫匹婦之所知所行。

謹案：聖化之基，起於衽席。貞下起元，責在夫婦。是以《易》基乾坤，《詩》首關雎，《書》美釐降，《禮》正冠昏。此六經之教，所以稱經天緯地，曰文也。管子曰："夫民，別而聽之則愚，合而聽之則聖。"《君臣上篇》。今之費而隱者，不能家説而户教之，然而樹之風聲，速於置郵而傳命，安見不無幾時而薄海同風哉！察乎天地，指顧間耳。

五章　忠　　恕

子曰："道不遠人，人之爲道而遠人，不可以爲道。"

鄭注：言道即不遠於人，人不能行也。

謹案：道不可須臾離，故道不遠人也。然至人之自以爲道而遠於人者，則本不可以爲道也，若長沮、桀溺、荷蕢、荷蓧輩是已。故孔子曰："鳥獸不可與同群，吾非斯人之徒與而誰與？"子路曰："不仕無義，欲絜其身而亂大倫。君子之仕也，行其義也。道之不行，已知之矣。"此孔門師、弟雖隱，而未嘗不求仕，豈敢自絶於人哉？

"《詩》曰：'伐柯伐柯，其則不遠。'執柯以伐柯，睨而視之，猶以爲遠。"

鄭注：則，法也。言持柯以伐，不將以爲柯近。以柯爲尺寸之法,此法不遠人,人尚遠之,明爲道不可以遠。

謹案:此《豳風‧伐柯》之詩。執柯以伐柯,則柯之長短尺寸,近在手中,故其法則不遠也。然伐者之睨而視之,猶以爲遠者,乃伐柯者之過也。以喻道本不須臾離人,而人自以爲道遠,直人之過耳。

"故君子以人治人,改而止。"

鄭注:言人有罪過,君子以人道治之。其人改,則止赦之,不責以人所不能。

謹案:天下之圜顱方趾者,皆人也。謂人曰人也,然而己亦人也。故以人治人者,今之所謂人道主義也。舜,人也;予,人也。仁之造字從二、人,即此意也。故孔子曰:"吾志在《春秋》,行在《孝經》。""《書》云:'孝乎惟孝,友于兄弟,施於有政。'是亦爲政。"雖世有惡人,亦諷諭之,令改而止矣。故曰:"道之以德,齊之以禮,有耻且格。"要以身行孝弟忠信,雅言《詩》《書》執禮,而人自相慕效,成爲風尚,至今國性常存,萬世永賴。此非孔子率性修道,學不厭,誨不倦,改造人心所遺留之偉大成績歟?

"忠恕違道不遠,施諸己而不願,亦勿施於人。"

鄭注:違,猶去也。

謹案:《論語》載:"孔子曰:'參乎! 吾道一以貫之。'曾子曰:'唯!'孔子出。門人問曰:'何謂也?'曾子曰:'夫子之道，忠恕而已矣。'"蓋忠者，視人如己也；恕者，推己及人也。忠者，中也，盡在個中，天下一家，中國一人也。恕者，如也，萬物一如，人飢己飢，人溺己溺。東海西海，心同理同。耶穌十誡之二曰："要愛人如己。"包有彼此相愛、愛敵如己諸義。是亦忠恕也。可證孔子之道，已構成宗教。雖然，忠恕者，尚衹是道之一曲，而未至於全量也。故不徑謂之曰道，而但謂曰違道不遠也。惟是道大而全，忠恕小而偏，日計不足，歲計有餘，由忠恕以進大道，最上上乘之方便也。"施諸己而不願，亦勿施於人"，故子貢曰："我不欲人之加諸我者，吾亦無欲加諸人"，尚衹是忠恕之消極方面，必也合以孔子曰"己欲立而立人，己欲達而達人"，耶穌所謂愛人如己。便是忠恕之積極方面。一消極，一積極，即是合成整個之忠恕也。

"君子之道四，丘未能一焉：所求乎子以事父，未能也；所求乎臣以事君，未能也；所求乎弟以事兄，未能也；所求乎朋友，先施之，未能也。"

鄭注：聖人而曰我未能，明人當勉之無已。

謹案：此孔子之現身說法也。孔子少孤，有母無父，故自言所求乎子以事父，未能也。孔子不得仕，終老尼山，故自言所求乎臣以事君，未能也。孔子之兄孟皮，有廢疾，不得立，故自言所求乎弟以事兄，未能也。朋友有通財之義，孔子貧不足自給，故自言先施之，未能也，皆孔子之老實話，非謙詞也。孔子非婦人，故不曰所求乎婦以事夫，未能也。首稱父子，次及君臣者，恒言也。孔子對哀公而首數君臣，乃尊君之詞，非定律也。今民國無君臣，孔子固別有無君之説也。見《論語》。

"庸德之行，庸言之謹。有所不足，不敢不勉。有餘，不敢盡。言顧行，行顧言。"

鄭注：庸，猶常也，言德常行也，言常謹也。聖人之行，實過於人。有餘不敢盡，常爲人法，從禮也。

謹案：庸者，用也，通也，得也，得之爲言當也。故庸德者，猶言正當之德；庸言者，言正當之言也。正當之德、正當之言者，正當之人所行所言也。何謂正當，則視國是以爲斷。近世民主國，廢君主而立民主，則君臣之倫廢矣。他如父子、兄弟、夫婦、朋友之間，亦各有其相當之法則。凡人欲行有正當之德，言爲正當之言者，一以法爲斷可耳。若以法爲猶有未明，則不學之過也。豈聖人不足，不敢不勉，有餘，不敢盡之意乎？凡事有當盡心力而爲之者，故不足，不敢不勉；又有當留不盡之餘地者，故有餘，不敢盡。皆正當也。若夫"言顧行，行顧言"者，言，名也，行，實也。是言行不相悖，無异謂名實相副耳。

"君子胡不慥慥爾。"

鄭注：君子，謂衆賢也。慥慥守實，言行相應之貌。

謹案：胡，猶何也，豈也。鄭注"慥慥守實"，未諦。慥本作造，造、蹙一聲之轉。造然，即蹙然也，慥慥爾即蹙蹙然也。《廣韵》曰：“慥，言行急也。”王引之曰：“慥慥者，黽勉不敢緩之意，猶言汲汲耳。君子胡不慥慥爾，言君子不汲汲然自勉乎？”《經義述聞》。故葉公問孔子於子路，子路不對。孔子曰：“汝奚不曰其爲人也，發憤忘食，樂以忘憂，不知老之將至云爾。”此可見孔子惟日孳孳、學不厭、誨不倦，比於“文王卑服，即康功田功”，“自朝至於日中昃，不遑暇食”矣。

君子素其位而行，不願乎其外。素富貴，行乎富貴；素貧賤，行乎貧賤；素夷狄，行乎夷狄；素患難，行乎患難。君子無入而不自得焉。

鄭注：素，皆讀爲傃。不願乎其外，謂思不出位也。自得，謂所鄉不失其道。

謹案：鄭注素皆讀爲傃者，即皆讀爲溯也。自得，謂所鄉者，鄉、向通用字。《論語》曰“君子不器”，《易》曰“天行健，君子以自强不息”，故所向皆能發展也。五素字與“無入而不自得”一語，正相呼應。“素其位而行，不願乎其外”，則所以爲中也。君子之中庸，君子而時中。故向於富貴，則行乎富貴；向於貧賤，則行乎貧賤；向乎夷狄，則行乎夷狄；向乎患難，則行乎患難。“無入而不自得”，莫非行己忠而與人恕也。“庸德之行”，行此也；“庸言之謹”，謹此也。故庸亦訓常有功也。或謂富貴貧賤者，人之窮通，猶寒暑也。而又有夷狄患難也何居？殊不知古人得志，則行乎中國；不得志，則東西南北之人也。吳泰伯、殷箕子已開其先例，孔子欲乘桴浮海而居九夷，用《後漢書‧東夷傳》說。又豈虛願之辭哉？

在上位，不陵下。在下位，不援上。

鄭注：援，謂牽持之也。

謹案：孔子曰：“君子思不出其位。”孔穎達曰：“‘在上位，不陵下’，此‘素富貴，行富貴’也。若身處富貴，依我常正之性，不使富貴以陵人。若以富貴陵人，是不行富貴之道。‘在下位，不援上’者，此‘素貧賤，行貧賤’也。援，牽持也。若身處貧賤，則安之，宜令自樂，不得援牽富貴。若以援牽富貴，是不行貧賤之道。”《禮記》疏。然則此申言“素富貴，素貧賤”，而得其中庸者也。

正己而不求於人，則無怨。上不怨天，下不尤人。

鄭注：無怨，人無怨之者也。《論語》曰：“君子求諸己，小人求諸人。”

謹案：《詩》曰：“不忮不求，何用不臧？”孔穎達曰：“正己而不求於人，則無怨，此‘素夷狄，行夷狄’也。若身入夷狄，夷狄無禮義，當自正己而行，不得求於彼人，則彼人無怨己者。《論語》云：‘言忠信，行篤敬，雖之夷狄不可弃。’上不怨天，下不尤人，此‘素患難，行患難’也。尤，過也，責也。苟皆應之，患難則亦甘為。不得上怨天，下尤人。故《論語》云：‘不怨天，不尤人。’”《禮記》疏。然則此申言“素夷狄”，“素患難”，而得其中庸者也。

故君子居易以俟命，小人行險以徼幸。

鄭注：易，猶平安也。俟命，聽天任命也。險，謂傾危之道。

謹案：易、險對文，命、幸對文。徼、要通用字，求也。徼亦作儌，俗又作僥。幸亦作倖。王充《論衡》引孔子曰：“君子處易以俟命，小人行險以徼幸。”《幸偶篇》。此亦孔子語也。曾子曰：“孝子之事親也，居易以俟命，不興險行以徼幸。”《大戴記·曾子立事篇》。蓋亦述孔子語。君子居易以俟命，即“素富貴，行乎富貴；素貧賤，行乎貧賤；素夷狄，行乎夷狄；素患難，行乎患難”也。小人行險以徼幸，即在上位則陵下，在下位則援上，己不正而求人，上怨天，下尤人也。此君子之中庸，君子而時中；小人之反中庸，小人而無忌憚也。

六章　微　　顯

子曰：“射有似乎君子，失諸正鵠，反求諸其身。”

鄭注：反求於其身，不以怨人。畫布曰正，栖皮曰鵠。今本脫布字，補正。

謹案：射，金文作𮥶，象注矢於弓形。又，即右手也。健兒身手，自有反求諸己之意。篆變弓形爲身，作射，其反身之義愈切也。《月令》：“季冬，征鳥厲疾。”鄭注云：“征鳥，題肩也。齊人謂之擊征，或名曰鷹。"《周禮・司裘》："設其鵠。"①
鄭注云："謂之鵠者，取名於鳱鵠。鳱鵠，小鳥而難中。"《儀
禮・大射》"見鵠"，鄭注云："鵠，鳱鵠，射之難中，中之爲俊。
正亦鳥名，齊魯之間，名題肩爲正。正、鵠，皆鳥之捷黠者。"
可證正、鵠皆鳥名也。而題、正一聲之轉，則題、鳱又通用字
也。古之善射者，起於射鳥。其後畫布曰正，栖皮曰鵠，猶用
二鳥名，示不忘本也。但張侯而射，正、鵠皆在其中，今俗曰箭
靶子也。鄭注但謂正、鵠二者，不過因布、皮而異名，皆居侯三
分之一。尚有其他解釋，兹姑弗論。孟子曰："射者正己而後
發，發而不中，不怨勝己者，反求諸己而已矣。"《公孫丑上篇》。今
有炮彈之射擊，戰而不勝，不反求之己，則烏可以立國哉！

君子之道，辟如行遠必自邇，辟如登高必自卑。

　　鄭注：自，從也。邇，近也。行之以近者卑者始，以漸致
之高遠。

　　謹案：天下國家之本在身，故"辟如行遠必自邇，登高必
自卑"。至遠至高者莫如天下國家，而至邇至卑者則在身而
已矣。吾家亭林曰："王道之大，始於閨門。妻子合，兄弟
和，而父母順，道之邇也卑也。郊焉而天人假，廟焉而神鬼
饗，道之遠也高也。"《日知錄》卷一。蓋妻子、兄弟、父母者，身
之最密邇者也；鬼神廟享、天地郊社，皆天下國家之事也。

―――――――――――――――――

① 《周禮・天官》："王大射，則共虎侯、熊侯、豹侯，設其鵠。"

《詩》曰："妻子好合,如鼓瑟琴。兄弟既翕,和樂且耽。宜爾室家,樂爾妻帑。"

鄭注:琴瑟,聲相應和也。翕,合也。耽,亦樂也。古者謂子孫曰帑。此詩言和室家之道,自近者始。

謹案:此《小雅·常棣》之詩。瑟琴皆樂器,以喻妻子之好合也。耽、媅通用字,樂之甚也。帑字,亦作孥。鄭注:"古謂子孫曰帑。"今蘇滬語曰囝,帑、囝一聲之轉也。夫身自賢而不必得妻者有之矣,妻賢而子不必肖者有之矣,妻子皆賢而兄弟不必協者有之矣。妻子好合,兄弟既翕,古今來有如是圓滿之家庭者,果幾人哉?毋亦詩人之理想,後世張公藝所以稱百忍歟?今世家庭,又復不同,要當變而通之矣。

子曰:"父母其順矣乎。"

鄭注:謂其教令行,使室家順。

謹案:因妻子好合,兄弟既翕,而得父母之歡心,故父母亦順也。舜爲天子,"祗載見瞽瞍,夔夔齋栗,瞽瞍亦允若"。《孟子·萬章上篇》。此舜以富貴得其父之信順也。若、順一聲之轉。故孔子繫《易》曰:"崇高莫大乎富貴。"此舜之所以稱大孝也。

子曰:"鬼神之爲德,其盛矣乎! 視之而弗見,聽之而弗聞,體物而不可遺。"

鄭注:體,猶生也;可,猶所也。不有所遺,言萬物無不以鬼神之氣生也。

謹案：鬼字從人，明惟人有鬼，非人則無鬼也。神字從申，申即古電字，是神明之作用在電，所以稱神通廣大歟？《周官・大司樂》：“以樂德教國子，中和、祇庸、孝友，以六律、六同、五聲、八音、六舞，大合樂以致鬼神示。”是《中庸》出自樂德，原與鬼神通也。孔子繫《易》曰：“精氣爲物，游魂爲變。是故知鬼神之情狀。”則孔子非主無鬼論者也。若夫《史記》云：“學者多言無鬼神，然言有物。”《留侯世家贊》。則無鬼論蓋起於戰國之世矣。鄭注“不有所遺，言萬物無不以鬼神之氣生”，正即本孔子精氣爲物一語而說之。自古至今，不知經歷幾何年代，而有今日之人類萬物，皆出自原始以來，代代祖先一氣一體之所生。以是而言體物不可遺，原極平常，至無足怪。彼達爾文之說物種由來，特以具體言之耳。豈此以抽象言之，而必爲非乎？

“使天下之人，齊明盛服，以承祭祀，洋洋乎如在其上，如在其左右。”

鄭注：明，猶潔也。洋洋，人想思其傍僾之貌。

謹案：齊本當作齋，古者齋三日，戒七日，其齋戒法與今之素齋迥不同也，當別論之。洋洋，思也。《淮南子》曰：“生，寄也。死，歸也。”《精神訓》。故鬼之爲言歸也。而生者死者有以相感通者，神也，今之所謂通電也。凡大勞動家舍命爲國家社會犧牲，無不信仰有神。其持無神論者，多爲紈綺之子及狂蕩無賴之人耳。《左氏傳》曰：“國之大事，在祀與戎。"《成十七年》。故崇祀與强兵有深密之關係。集中精神，以戰則勝，以攻則取。縱有物質利器，亦必有精神以統攝之，而後能爲我用。不然，甲午之海軍，四省之廣土，而今安在？非所謂不誠無物乎！使天下之人，齋明盛服，以承祭祀，洋洋乎思鬼神之如在人上，如在人左右，即人有無精神之試金石也，故曰："出門如見大賓，使民如承大祭。"誰謂祭祀無益於修身、齊家、治國、平天下事哉？

"《詩》曰：神之格思，不可度思，矧可射思！"

鄭注：格，來也。矧，況也。射，厭也。思，皆聲之助。言神之來，其形象不可億度而知，事之盡敬而已，況可厭倦乎？

謹案：此《大雅·抑》之篇。射、厭一聲之轉。思，語辭，無意義也。謂神之來也，不可以意度也，矧可以厭倦乎？以見神之如在人上，如在人左右。由今言之，則神之與電，二而一者也。惟人亦有電，與大宇宙之電息息相通。抑且人之頭腦，可稱無綫電台。若否認神之存在，何異否認無綫電台之存在。議論不如事實，觀今精神界之大有事在，則有神無神之爭，不成問題矣。

"夫微之顯，誠之不可揜，如此夫？"

鄭注：言神無形而著，不言而誠。

謹案："莫見乎隱，莫顯乎微"，誠於中者形於外，生於心者害於政。推至宇宙萬有，原出一氣之演化，可謂"微之顯"也，極乎其誠不可掩之大觀也矣。

七章　大　孝

子曰："舜其大孝也與！德爲聖人，尊爲天子，富有四海之内，宗廟饗之，子孫保之。"

鄭注：保，安也。

謹案：舜德爲聖人者，所謂"依乎中庸，遁世不見知而不悔，惟聖者能之"，舜之居深山時也。及舜爲天子，則尊無二上，引用元、凱十六族，而奏地平天成之大功，然是亦"庸德之行，庸言之謹"耳。若夫"富有四海之内，宗廟饗之，子孫保之"，不言郊社者，省文也。《祭法》曰"有虞氏禘黄帝而郊嚳"，禘爲禘嘗，是廟饗也，而郊則郊社也。"大孝尊親"，自舜作之，而子孫保之。舜之子孫封於陳，春秋之世，陳之故封猶存，故孔子目睹而云然耳。

"故大德，必得其位，必得其禄，必得其名，必得其壽。故天之生物，必因其材而篤焉。故栽者培之，傾者覆之。"

鄭注：名，令聞也。材，謂其質性也。篤，厚也。言善者天厚其福，惡者天厚其毒，皆由其本而爲之。栽，讀如"文王初載"之載。栽，猶殖也。培，益也。今時人名草木之殖曰栽，築牆立板亦曰栽。栽或爲兹。覆，敗也。

　　謹案：大德者"必得其位，必得其祿，必得其名，必得其壽"，千古惟舜一人而已。此可以頌舜，而未可以頌凡有德之人也。孟子曰："匹夫而有天下者，德必若舜、禹，而又有天子薦之者，故仲尼不有天下。"《萬章上篇》。然禹名猶不若舜之著也。至若天之生物，必因其材而篤之，善者天厚其福，惡者天厚其毒。《黃帝·金人銘》曰："天道無親，常與善人。"《左氏傳》曰："皇天無親，惟德是輔。"今之恒言亦曰："種瓜得瓜，種豆得豆。"種善因者得善果，種惡因者得惡果。然而亦有例外。顏淵糟糠不厭而蚤夭，盜跖日殺不辜而壽終，此司馬遷作《伯夷列傳》所以致慨也，蓋天未欲平治天下而使然。君子終不以此而弃善即惡，所以爲中庸也。是以人之自栽者，天必培之；人之自傾者，天必覆之：君子處天人之際之大律也。西諺曰"天助自助者"，亶其然乎！

　　"《詩》曰：'嘉樂君子，憲憲令德。宜民宜人，受祿于天。保佑命之，自天申之。'故大德者必受命。"

　　鄭注：憲憲，興盛之貌。保，安也。佑，助也。

　　謹案：此《大雅·嘉樂》之詩，承上文而更引詩，反覆以申言大德者必受命也。嘉，善也。今《詩經》作假，通用字。憲憲，今《詩經》亦作顯顯，通用字。興、憲雙聲，故義近也。"大德者必受命"，縱不得如舜之在位，若孔子者，亦受天命，與今人言負有上天之使命者，何异哉？

子曰:"無憂者其唯文王乎! 以王季爲父,以武王爲子。父作之,子述之。"

鄭注:聖人以立法度爲大事,子能述成之,則何憂乎?堯、舜之父子,則有凶頑;禹、湯之父子,則寡令聞。父子相成,唯有文王。

謹案:人類者,政治動物也。然得之有其道,非可苟致也。自舜、禹以匹夫而有天下,湯謀之一世而傾夏有天下,周人乃謀之四世而勝商有天下焉。齊桓公謂管仲、鮑叔、賓須無曰:"昔者太王賢,王季賢,文王賢,武王賢,武王伐殷克之,七年而崩。周公旦輔成王而治天下,僅能制於四海之内矣。今寡人之子不若寡人,寡人不若二三子,以此觀之,則吾不王必矣。"《管子·小問篇》。此通論也。孔子自比文王,而謂文王無憂者,亦祇就文王之身而論之耳。所謂父作子述,今猶遺有《周官》一書。然《左氏傳》曰:"泰伯端委以治周禮。"《哀七年》。則《周官》之作,其始於太王乎?

"武王纘太王、王季、文王之緒,壹戎衣而有天下,身不失天下之顯名,尊爲天子,富有四海之内,宗廟饗之,子孫保之。"

鄭注:纘,繼也。緒,業也。戎,兵也。衣,讀如殷,聲之誤也。齊人言殷,聲如衣。虞、夏、商、周氏者多矣,今姓有衣者,殷之冑與? 壹戎殷者,壹用兵伐殷也。

謹案:周謀之四世,故武王纘緒,最後克殷而有天下。其後秦自穆公以下,謀之二十餘世而滅周,以見封建制度之深仁厚澤，不易亡也。秦乃二世而亡之，則廢封建而郡縣天下，道德不存故也。爾後二十五朝皇家之興亡，或有係於國家之興亡者。今建民國，廢君主，則國家隆替，全視乎人民道德之厚薄矣。壹、殪通用字，死也。衣、殷一聲之轉，故亦通用。壹戎衣，《康誥》作“殪戎殷”是也。《禮記》爲漢時齊人后蒼所傳，齊言殷如衣，又省殪爲壹，故作“壹戎衣”耳。鄭注訓戎爲兵，未諦。周人謂殷人曰戎曰夷，故《太誓》曰“戎商必克”，《國語·周語》引。又曰“紂有億兆夷人”，《昭二十四年左氏傳》引。又曰“紂夷之居而不肯事上帝”，《墨子·非命上篇》引。《周書》曰“謁戎殷於牧野”，《世俘解》。又曰“肆我戎殷”，《商誓解》。又曰“周公相武王以伐紂夷”，《明堂解》。皆其證也。故殷亡而箕子走朝鮮，孔子殷人，不諱言戎殷。近世南美洲有印加帝國，説者謂即殷家之遺胤焉，印加帝國即殷家帝國也。亦遠矣哉。宗廟饗，亦省略郊社而言。《孝經》曰：“周公郊祀后稷以配天，宗祀文王於明堂以配上帝。”是其證也。

“武王末受命，周公成文、武之德，追王大王、王季，上祀先公以天子之禮。斯禮也，達乎諸侯、大夫，及士庶人。父爲大夫，子爲士；葬以大夫，祭以士。父爲士，子爲大夫；葬以士，祭以大夫。期之喪，達乎大夫，三年之喪，達乎天子，父母之喪，無貴賤一也。”

鄭注：末，猶老也。追王大王、王季者，以王迹起焉。先公，組紺以上，至后稷也。斯禮達於諸侯、大夫、士庶人者，謂葬之從死者之爵，祭之用生者之禄也。言大夫葬以大夫，士葬以士，則追王者改葬之矣。期之喪達於大夫者，謂旁親所降在大功者，其正統之期，天子、諸侯猶不降也。大夫所降，天子、諸侯絶之不爲服，所不臣乃服之也，承葬祭，説期三年之喪者，明子事父以孝，不用其尊卑變。

謹案：周公但追王太王、王季而不追王文王者，則文王已受命稱王也。故《無逸》曰："文王受命惟中身"。然武王又老而受命者，《史記》曰："膺更大命，革殷，受天明命。"明武王再克殷而受命也。夫殷湯放桀，猶有慚德。至文、武而公言受命，亦世運之變也。追王先祖起於周人，乃後世自唐以降，一爲命官，皆有貤封先人之典，皆家天下者之虚文也。至於分别葬、祭不同，葬從其身，祭從其子，則又從其實也。期之喪者，大功服也。然亦可降爲小功及緦麻也。三年之喪，不盡於父母，若諸侯於天子，大夫、士於國君，嫡孫承重爲祖父母，繼立者爲先君，父爲嫡長子，天子爲后，皆三年也。然其飲食、居處、衣服之制，有差殺也。惟喪父母三年，必哭踊倚廬，苴麻饘粥，故曰"無貴賤一也"。武王問太公曰："寡人伐紂天下，是臣殺其主而下伐其上也。吾恐後世之用兵不休，鬥爭不已，爲之奈何？"太公曰："甚善，王之問也。夫未得獸者，唯恐其創之小也。已得之，唯恐傷肉之多也。王若欲久持之，則塞民於兑，道全爲無用之事，煩擾之教。彼皆樂其業，供其情，昭昭而道冥冥，於是乃去其督而載之木，解其劍而帶之笏。爲三年之喪，令類不蕃。高辭卑讓，使民

不爭。酒肉以通之，竽瑟以娛之，鬼神以畏之。繁文滋禮以
拿其質，厚葬久喪以亶其家，含珠鱗、施綸組以貧其財，深鑿
高壟以盡其力。家貧族少，慮患者貧。以此移風，可以持天
下弗失。"《淮南子·原道訓》。由此觀之，則古人死而厚葬，三年
之喪，別具深心。一以阻止人口之激增，一以防遏亂源之爆
發。周季諸侯力政，互謀增加人口，以裕稅賦，而充實戰鬥
力，遂莫行三年之喪矣。今世五洲棣通，列強又入戰國狀態，
更不宜厚葬久喪也明矣。

子曰："武王、周公其達孝矣乎？夫孝者，善繼人之志，善述
人之事者也。春秋修其祖廟，陳其宗器，設其裳衣，薦其
時食。"

　　鄭注：修，謂掃糞也。宗器，祭器也。裳衣，先祖之遺衣
服也。設之，當以授尸也。時食，四時祭也。

　　謹案：此更就武王、周公二人而通論之。達之爲言通
也，達孝者與云達道、達德相類之用語，皆天下古今可通行，
而異乎大孝、大道、大德之爲超絶等倫，不可企及者也。"夫
孝者，善繼人之志，善述人之事"二語，即爲古今通孝之大義
公理也。《爾雅》曰："春祭曰祠，夏祭曰礿，秋祭曰嘗，冬祭
曰烝。"《釋天》。是四時皆有祭也，但舉春秋者，省略也。春秋
修其祖廟四事，相沿至今，民間不敢曰宗廟，變稱曰宗祠，曰
家廟，猶多踐行此四事。獨宗器裳衣，有代遠年湮已失傳者，
則不陳列，且尸之廢，亦已久耳。

"宗廟之禮，所以序昭穆也。序爵，所以辨貴賤也。序事，所以辨賢也。旅酬下爲上，所以逮賤也。燕毛，所以序齒也。"

鄭注：序，猶次也。爵，謂公、卿、大夫、士也。事，謂薦羞也。以辨賢者，以其事別所能也，若司徒羞牛、宗伯共雞牲矣。《文王世子》曰："宗廟之中，以爵爲位，崇德也。宗人授事以官，尊賢也。"旅酬下爲上者，謂若《特牲饋食》之禮賓，弟子、兄弟之子各舉觶於其長也。逮賤者，宗廟之中，以有事爲榮也。燕，謂既祭而燕也。燕以髮色爲坐，祭時尊尊也，至燕親親也。齒，亦年也。

謹案：今民間之宗祠有族長，以輩行最先者居之，序昭穆也，其餘序爵、序事亦有可指者。惟旅酬下爲上及燕毛二事不行，蓋世變日亟，無暇及此矣。

"踐其位，行其禮，奏其樂，敬其所尊，愛其所親，事死如事生，事亡如事存，孝之至也。"

鄭注：踐，猶升也。其者，其先祖也。踐或爲纘。

謹案：今之宗祠，春秋兩祭，與祭者各有班行，是亦"踐其位"也。有贊禮者，有唱演戲劇者，是亦"行其禮，奏其樂"也。尊其祖先，睦其宗族，是亦"敬其所尊，愛其所親"也。祖先死矣亡矣，而猶春秋致祭，虔誠致敬，是亦"事死如事生，事亡如事存"也。然則今之中國人，可謂孝之至也乎？未也。皮之不存，毛將焉傅？必也國勢大强，而家與有榮焉。是故恒言曰忠孝，必先忠於國而後能孝於家也。

"郊社之禮，所以事上帝也。宗廟之禮，所以祀乎其先也。"

鄭注：社，祭地神。不言后土者，省文。

謹案：古者以城內爲國中，距國百里爲遠郊，五十里爲近郊。王者於近郊之南北，南郊祭天，北郊祭地，即郊社也。王城之南七里，明堂宗廟所在，以祀其先也。《周官·大司樂》："凡樂，圜鍾爲宮，黃鍾爲角，大蔟爲徵，姑洗爲羽，雷鼓雷鼗，孤竹之管，雲和之琴瑟，《雲門》之舞；冬日至，於地上之圜丘奏之，若樂六變，則天神皆降，可得而禮矣。凡樂，函鍾爲宮，大蔟爲角，姑洗爲徵，南呂爲羽，靈鼓靈鼗，孫竹之管，空桑之琴瑟，《咸池》之舞；夏日至，於澤中之方丘奏之，若樂八變，則地示皆出，可得而禮矣。凡樂，黃鍾爲宮，大呂爲角，大蔟爲徵，應鍾爲羽，路鼓路鼗，陰竹之管，龍門之琴瑟，《九德》之歌，《九磬》之舞；於宗廟之中奏之，若樂九變，則人鬼可得而禮矣。"此冬至圜丘之奏樂，即南郊祭天也；夏至方丘之奏樂，即北郊祭地也。古亦謂二祭曰禘，禘者，祀上帝也，上帝者，天帝也。皇天后土，上下對文，乃云郊社之禮以事上帝者，舉天帝以統后土也。故鄭注云："不言后土者，省文也。"《孝經》曰："孝莫大於嚴父，嚴父莫大於配天。昔者周公郊祀后稷以配天，宗祀文王於明堂以配上帝。"分言天、帝，其實一也。祀明堂，配上帝，宗廟之禮，故祭先人亦稱禘矣。今民國廢君主，則其附帶之郊社宗廟盡廢，祀其先人而已。此中國之宗教也，而今人必謂中國無宗教，可乎？

"明乎郊社之禮、禘嘗之義，治國其如示諸掌乎！"

鄭注：示讀如"寘諸河干"之寘。寘，置也。物而在掌中，易爲知力者也。序爵辨賢，尊尊親親，治國之要。

謹案：示、寘一聲之轉，故示、寘、置三字通用。變宗廟而言禘嘗者，古人行文變化之通例也。凡經傳有禘、郊連文者，言祭天之禘也。有禘、祫連文者，言殷祭之禘也。殷祭者，大祭也。有禘、嘗連文者，言時祭之禘也。此以禘、嘗連文，故知爲宗廟四時之祭也。但四時之祭，"春曰祠，夏曰禴，秋曰嘗，冬曰烝"，此《周官・大宗伯》之文也。"春曰礿，夏曰禘，秋曰嘗，冬曰烝"，此《禮記・王制》之文也，僅名實稍變耳。孔子曰："郊社之義，所以仁鬼神也。嘗禘之禮，所以仁昭穆也。饋奠之禮，所以仁死喪也。射鄉之禮，所以仁鄉黨也。食饗之禮，所以仁賓客也。"又曰："明乎郊社之義、嘗禘之禮，治國其如指諸掌而已乎！"以上《仲尼燕居篇》。《論語》亦載或問禘之說，孔子曰："不知也。知其說者之於天下也，其如示諸斯乎？"指其掌。《八佾篇》。吾聞羅馬教廷以前，亦用三牲之祭，蓋三千年前之民俗，中外同也。自羅馬教廷以後，而始以上帝代表一切鬼神矣。今世政教分離，而羅馬教廷猶欲呼籲世界和平，此雖宗教主之空言，然今民國廢除郊社神祭，而獨祭黃帝、孔子，欲陰以維繫人心，豈非於治國平天下有重大之意義乎？

八章　爲　政

哀公問政。子曰："文、武之政，布在方策，其人存則其政舉，其人亡則其政息。"

鄭注：方，板也。策，簡也。息，猶滅也。

謹案：古者祭、政一致，故祭禮之後而繼以政也。孔子曰："五帝用記，三王用度。"《大戴禮·五帝德篇》。《荀子》曰："禹、湯有傳政，不若周之察也。"《非相篇》。故孔子祖述堯、舜，憲章文、武，而但稱文、武之政也。孟子曰："徒善不足以爲政，徒法不能以自行。"《離婁章》。故政法一也。《韓非子》曰："法者，編著之圖籍，設之於官府，而布之於百姓。"《難三篇》。是以布在方策者，官府百姓皆有其書也。鄭玄曰："官，謂版圖文書之處也。"《曲禮》注。蓋古者官府之署藏有版圖文書，與後世官書相似也。夏、殷典籍，孔、荀所見已不備。惟周獨詳，故今猶存《周官》一書。然孔子所述三德、五道、九經，不拘拘於《周官》明文，大抵隱括義旨而變言之，亦以應對之間，取速瞭解也。

"人道敏政，地道敏樹。"

鄭注：敏，猶勉也。樹，謂殖草木也。人之無政，若地無草木矣。敏，或爲謀。

謹案："立人之道，曰仁與義。立地之道，曰柔與剛。"故人道、地道有別也。敏、勉一聲之轉，勉力也。人類爲政治之動物，然人存政舉，人亡政息，故人道必勉於政也。地道敏樹，特以喻人當敏政。樹，謂樹藝也。《孟子》曰："后稷教稼穡，樹藝五穀。"《滕文公上篇》。《周官》："大司徒辨十有二壤之物，而知其種，以教稼穡樹藝。"皆其證也。鄭注訓樹爲殖草木，於義荒矣。

"夫政也者，蒲廬也。"

鄭注：蒲廬、蜾蠃，謂土蜂也。《詩》曰："螟蛉有子，蜾蠃負之。"螟蛉，桑蟲也。蒲廬取桑蟲之子，去而變化之，以成爲己子。政之於百姓，若蒲廬之於桑蟲然。

謹案：此更申言政之性質在於化民也。蒲廬有二：其一爲蜃，見《夏小正》傳；其又一爲蜾蠃，見《爾雅·釋蟲》。政在化民，則鄭注蒲廬、蜾蠃謂土蜂，是也。土蜂亦曰細腰蜂。《詩》咏蜾蠃，説者謂其取桑蟲之子，七日而化爲己子，正可以喻政化之速也。宋儒誤解蒲廬爲蒲葦，白茅黄葦，彌望皆是，中國遂非復人世界矣。

"故爲政在人。"

鄭注：在於得賢人也。

謹案：鄭注"在得賢人"，賢人能敏政而化民也。堯得舜，舜得禹、皋陶，禹得伯益，湯得伊尹，武王得太公，齊桓得管仲，秦穆得百里奚，皆得人而治也。故古之爲政者，勞於求賢，而逸於得人。人存政舉，人亡政息，豈不然哉？

"取人以身，修身以道，修道以仁。"

鄭注：取人以身，言明君乃能得人。

謹案：天下國家之本在身，身者政之本也。"其身正，不令而行。其身不正，雖令不從。"故取人不得，返求諸身。舜舉元、愷十六族而天下治，孔子曰："無爲而治者，其舜也與？恭己正南面而已矣。夫何爲哉？""修身以道"者，"文、武之道，未墜於地，在人。賢者識其大者，不賢者識其小者"，更上而有堯、舜、禹、湯之道。故《衛風‧淇澳》之詩曰"如切如磋"者，道學也；"如琢如磨"者，自修也。言進德修業無窮極也。"修道以仁"者，"立人之道，曰仁與義"。故先王之道，要在仁義，而尤以仁爲首也。

"仁者，人也，親親爲大。義者，宜也，尊賢爲大。親親之殺，尊賢之等，禮所生也。"

鄭注：人也，讀如"相人偶"之人，以人意相存問之言。

謹案：仁者人也，今之民生主義也。血濃於水，故親親爲大。義者宜也，今之民權主義也。權力運用，端恃賢能，故尊賢爲大。親親之殺，尊賢之等，禮所生也，今之民族主義也。禮以經國家，安社稷，利人民，由宗法社會遞嬗而入軍國社會，無非禮所生也。然則解剖古政之本質，有二元素焉。其一曰親親，宗法社會之精神也。其二曰尊賢，軍國社會之權輿也。而能相維相繫，以調和持久於不敝者，禮也。"伯禽與太公俱受封而各之國，三年，太公來朝。周公問曰：'何治之疾也？'對曰：'尊賢，先疏後親，先義後仁也。此霸者之迹也。'五年，伯禽來朝。周公問曰：'何治之難？'對曰：'親親者，先內後外，先仁後義也。此王者之迹也。'"《説苑・政理篇》。是故親親、尊賢二者，成爲魯王、齊霸之大別。然孔子、管子皆崇禮，及老子唱禮爲亂首，而戰國二百四十年中，禮樂盡廢，不絕如綫。秦始皇坑儒生，焚詩書，更促其短命，十五年而亡。漢武帝罷黜百家，表章六經，孔子之道復明，至今"天之所覆，地之所載，凡有血氣，莫不尊親"。故中山先生三民主義，亦諄諄垂戒"國無道德，不能持久"也。

"在下位，不獲乎上，民不可得而治矣。"

鄭注：此句，其屬在下著，脱誤重在此。

謹案：此二句，當依鄭注，删去爲是。

"故君子不可以不修身。思修身，不可以不事親。思事親，不可以不知人。思知人，不可以不知天。"

鄭注：言修身乃知孝，知孝乃知人，知人乃知賢不肖，知賢不肖乃知天命所保佑。

謹案：以先王之道修身，"魯得備物典策"，《左氏傳・定四年》。"孔子修周公之篇籍而六經成"，《莊子・天運篇》。"韓宣子至魯，觀書於大史氏，見《易象》與《春秋》，曰：'周禮盡在魯矣。'"《左氏傳·昭二年》。然堯、舜之道，孝弟而已矣。大孝尊親，"宗廟饗之，子孫保之"，故思修身，不可以不事親也。然"愛親者不敢惡於人，敬親者不敢慢於人"，《孝經》。見賢而不能舉，舉而不能先，慢也。見不善而不能退，退而不能遠，過也。惟過與慢，亡無日矣，故思事親不可以不知人也。《詩》曰："天生烝民，有物有則。民之秉彝，好是懿德。"《書》曰："天降下民，作之君，作之師，天下曷敢有越厥志。"《孟子·梁惠王篇》引。今民國廢君而不廢師，師與一切人民，咸負有上天之使命。天之生物，必因其材而篤焉。栽者培之，傾者覆之。故思知人，不可以不知天也。

"天下之達道五，所以行之者三。曰君臣也，父子也，夫婦也，昆弟也，朋友之交也。五者，天下之達道也。知、仁、勇三者，天下之達德也，所以行之者也。" 今本《禮記》作"所以行之者一也"，誤衍"一"字，從王引之《經義述聞》說，刪去。

鄭注：達者常行，百王所不變也。

謹案：《尚書·堯典》曰"慎徽五典"，又曰"敬敷五教"，典以法言，教以訓言，異名而同實也。《左氏傳》曰："堯舉八元，使布五教於四方，父義、母慈、兄友、弟共、子孝。"《文十八年傳》《史記·五帝紀》從之，劉知幾謂司馬遷不見《左氏傳》者，妄也。此最初之五倫，未有君臣。故曰："堯、舜之道，孝弟而已矣。"自孔子對哀公而尊君，首君臣而繼以父子、夫婦、昆弟、朋友。然孟子告陳相，稱舜"使契爲司徒，教以人倫：父子有親,君臣有義,夫婦有別,長幼有序,朋友有信",《滕文公上篇》。則又首父子而後君臣、夫婦、長幼、朋友。蓋皆出於孔子、孟子經世之權詞,非本來之天倫也。今民國廢君臣,正宜回復堯、舜時代父義、母慈、兄友、弟共、子孝之五倫,而廢除孔子、孟子當時權稱之五倫,故曰"天下之達道五"。達者,通也,明有不通,則當變而通之也。惟知、仁、勇三達德,堯、舜猶止以仁、智著稱。迨殷湯天錫勇智,讓天下於瞀光,曰"知者謀之,武者遂之,仁者居之",《莊子·讓王篇》。實始見三達德之完成。孔子殷裔,故張之以垂教。東海西海,心同理同,則希臘之知、德、體三育又同矣。中山先生本智、仁、勇三達德以垂訓,則本無不通,而至今猶可稱曰達德者也。蓋甚矣! 讀書明理之難也。古今异宜,君子之中庸,君子而時中,其可毋慎諸?

"或生而知之,或學而知之,或困而知之。及其知之,一也。"

鄭注:困而知之,謂長而見禮義之事,己臨之而有不足,乃始學而知之,此達道也。

謹案:知之者,知天知人也。然知之一事,談何容易。近世科學昌明,各科皆有原理、原則之發見。惟哲學一科,至今無定論,豈非其明徵哉? 不過既命曰知,自有其知之情狀耳。太上"生而知之"者,性也;其次"學而知之"者,教也;其次"困而知之"者,明刑所以弼教也。不必"鞭作官刑,朴作教刑",而後爲刑也。雖天降大任於斯人,勞其心志,苦其筋骨,亦天刑也。孔子厄於陳蔡,弦歌鼓舞不輟。子貢曰:"吾不知天之高也，地之下也。""古之得道者，窮亦樂，通亦樂。道德於此，則窮通爲風雨寒暑之序矣。"《莊子·讓王篇》。若孔子者，生而知之，而子貢則非困而知之者乎？

"或安而行之，或利而行之，或勉强而行之。及成功，一也。"

鄭注：利，謂貪榮名也。勉强，恥不若人。

謹案：中山先生曰"知難行易"，故《中庸》亦先知後行也。若夫事有知而後行者，又有行而後知者，則猶之教學相長，在知行并進之中也。大上"安而行之"，所謂堯、舜性之也。其次"利而行之"，所謂湯、武反之也。其次"勉强而行之"，則太甲、成王其庶幾乎？更喻以流俗，則安而行之者，秉性亮直，自安於爲聖爲賢之本分而行之者也。利而行之者，賦性中材，受誘掖奬勸，見有利可取而行之者也。勉强而行之者，天災人禍，困逼其身，怵乎因果之不爽毫髮，而强爲善者也。三者之成功，一也。然則哲學者之自勉於善，宗教家之勸人爲善，何所分其軒輊而謬言去取哉？

九章　九　　經

子曰："好學近乎知，力行近乎仁，知恥近乎勇。知斯三者，則知所以修身；知所以修身，則知所以治人；知所以治人，則知所以治天下國家矣。"

鄭注：言有知、有仁、有勇，乃知修身，則修身以此三者爲基。

謹案：人類有三欲：有智識欲，則"好學近乎知"也；有希望欲，則"力行近乎仁"也；有名譽欲，則"知恥近乎勇"也。然人類有三習：有習於妄者，則虛誑而不好學也；有習於惰者，則饞懶而不力行也；有習於蠢者，則頑鈍而不知恥也。佛氏謂之貪、痴、瞋三毒，去茲三毒，勵其三欲。近世德國大哲叔本華 Arthur Schopenhauer 謂"宇宙之根元，在於欲望"。故古《太誓》曰："民之所欲，天必從之。"《左氏傳·昭元年》引。孔子亦曰："我欲仁，斯仁至矣。"今我國人正苦無大欲望，但知蠅營狗苟於目前之富貴利祿，而不知放眼世界，今日之中國居何等地位，宜如何打開出路，則廣求智識於世界爲第一大事，所謂"好學近乎知"也。知而不行，何异能言之獸？則埋頭苦幹，百折不撓，爲第二大事，所謂"力行近乎仁"也。學而後知，行而後知，恥不如人，奮鬥不顧一切，爲第三大事，所謂"知恥近乎勇"也。知知、知仁、知勇，則知所以修身。古之人以先王之道修身，今之人當更加以世界之道修身也。夫而後出身臨民，則政象清明可期，此"知所以修身，則知所以治人"也。内政既修，一致對外，安内攘外，自然之道，此"知所以治人，則知所以治天下國家"也。

凡爲天下國家有九經，曰：修身也，尊賢也，親親也，敬大臣也，體群臣也，子庶民也，來百工也，柔遠人也，懷諸侯也。

鄭注：體，猶接納也。子，猶愛也。遠人，蕃國之諸侯也。

　　謹案：爲，猶治也；經，猶法也。此言治天下國家之方法
也，而猶僅舉其項目，則正即孔子對於哀公條陳行政事宜，先
揭舉其目也。項目之中，首修身，次尊賢，又次親親，尤具有
重大之意味。魯尚親親之國，而以尊賢先親親，欲哀公之登
用人才也。魯哀公甚類魏高貴鄉公，有英明氣象。故孔子告
以首修身，次尊賢，又次親親，以下凡九事，俱爲對症下藥，
起死回生之方術。惜乎哀公小不忍而亂大謀，終於孫邾如
越，不能實現孔子之長策也。九經項目，實驪括《周官》六典
而變通之，茲不贅論。

修身則道立，尊賢則不惑，親親則諸父昆弟不怨，敬大臣則不
眩，體群臣則士之報禮重，子庶民則百姓勸，來百工則財用
足，柔遠人則四方歸之，懷諸侯則天下畏之。

　　鄭注：不惑，謀者良也。不眩，所任明也。

　　謹案：此言九經之效果也。《大學》曰“事有終始”，不曰
始終，而曰終始者，凡事必預測其結果，而後可從事也。天下
國家之本在身，故必修身，而其結果則道立，無異打通一切道
路也。今民國廢君主，在君主時代之九經早已不適用，當用
三民主義、五權憲法。然國民當急於修身，中山先生三民主
義中諄諄告誡“中國欲强，須人人從修身做起”，此即爲國民
者，人人當努力於從本身做起，打通一切道路也。古者自天
子以至於庶人，壹是皆以修身爲本。今民國乃人人皆天子，
愈不可不注重修身，是不但當保存而不可廢，尤當加緊努力

也。且今民國選賢舉能，則尊賢其次要也。親親擴大而爲民族主義，則親親又其次也。若敬大臣、體群臣、子庶民，皆非民主國所有，不是論矣。惟古人分庶民、百工爲二，可考見古人尊重工業，故物質文明有勝於後世者，庶民執兵役，百工蓋不與焉。大可注目也。柔遠人，則今對外有國際交涉。懷諸侯，則今對內有統制政策，亦俱不足論矣。

齊明盛服，非禮不動，所以修身也。去讒遠色，賤貨而貴德，所以勸賢也。尊其位，重其祿，同其好惡，所以勸親親也。官盛任使，所以勸大臣也。忠信重祿，所以勸士也。時使薄斂，所以勸百姓也。日省月試，既廩稱事，所以勸百工也。送往迎來，嘉善而矜不能，所以柔遠人也。繼絕世，舉廢國，治亂持危，朝聘以時，厚往而薄來，所以懷諸侯也。

鄭注："同其好惡"，不特有所好惡，於同姓，雖恩不同，義必同也。尊重其祿位，所以貴之，不必授以官守，天官不可私也。"官盛任使"，大臣皆有屬官所任使，不親小事也。"忠信重祿"，有忠信者重其祿也。"時使"，使之以時。"日省月試"，考校其成功也。既，讀爲餼，餼廩，稍食也。稟人職曰："乘其事，考其弓弩，以下上其食。"

謹案：此九經之事宜也。第一，"齊明盛服，非禮不動"，所以修身，是曰嚴肅主義，嚴外以制中，至今猶可用也。第二，"去讒遠色，賤貨貴德"，古爲排女主義，賤商主義，今皆變而通之矣。第三，"尊其位，重其祿，同其好惡"，今無皇親國戚，不足道矣。第四，"官盛任使"，第五，"忠信重禄"，今大小官吏咸有組織法規，與古不侔矣。第六，"時使薄斂"，今百姓亦宜執兵役而薄田賦也。第七，"日省月試，既廩稱事"，今百工亦宜嚴考課而精物質也。蓋自宋以後，兵、民分途，兵化爲官。政府不問工商，以所課於工商者，并課士民，民力凋敝。然則酌古革今，宜可救國，吾故曰大可注目也。第八，"送往迎來，嘉善而矜不能"，今之外交，推亂侮亡，兼弱攻昧，翩其反而。第九，"繼絶世，舉廢國，治亂持危"，今之統治蕃屬，殖邊拓土，移風易俗，亦大有徑庭矣。總之，今日讀儒書，端宜政教分離。關於教化宜民，足以果行育德，助長精神者，斷從儒書；關於政制法規，安内攘外，通商惠工，富國强兵者，斷從今制。此其大律也。

凡爲天下國家有九經，所以行之者一也。凡事豫則立，不豫則廢。言前定，則不跲。事前定，則不困。行前定，則不疚。道前定，則不窮。

鄭注：一，謂當豫也。跲，躓也。疚，病也。人不能病之。

謹案：一，即豫也。豫者，豫備也。必先有儲能，而後有效實，故豫則立，不豫則廢。孔子曰："有文事者，必有武備。有武事者，必有文備。"《史記·孔子世家》。此總括一切之談也。今於九經宜有去取，不足盡采，而此豫之一字，義即豫備，亦即前定，則任何一事不能逃此階級也。更析言之，曰言前定，曰事前定，曰行前定，曰道前定，言事行道，無不由此也。曰跲，曰困，曰疚，曰窮，跲、困、疚、窮，皆雙聲一語之轉，義亦相近也。跲，當讀爲屈，雙聲通借，《易大傳》所謂"失其守者，其辭屈也"。疚，本作疺，貧病也，引伸而爲疚心之義，凡行有疚心者是已，故君子當内省不疚也。堯曰"四海困窮"，困、窮複詞，特以事、道二者分言之。夫士者，事也，固將有事於四方也。天命之謂性，率性之謂道，道之前定，遠矣哉，在天人之際，宜行之萬世而不敝矣。

十章　誠　身

在下位，不獲乎上，民不可得而治矣。

鄭注：獲，得也。言臣不得於君，則不得居位治民。

謹案：天造草昧，得乎丘民而後爲天子，此在上位者必得乎下民而後可也。然"雲從龍，風從虎，聖人作而萬物睹"，則既有政府之後，雖今民主國，凡在下級官，非受上級官之命令，不能治民也。

獲乎上有道，不信乎朋友，不獲乎上矣。信乎朋友有道，不順乎親，不信乎朋友矣。順乎親有道，反諸身不誠，不順乎親矣。誠身有道，不明乎善，不誠乎身矣。

鄭注：言知善之爲善，乃能行誠。

謹案：《黄帝·金人銘》曰："天道無親，常與善人。"《左氏傳》曰："皇天無親，惟德是輔。"足證善者，誠身之本也。

天下國家之本在身，身之本又在善也。善其學，善其行，皆誠
身之本也。不求其本而汲汲於希榮固寵，以冀獲乎上、信乎
友、順乎親者，妄也。

**誠者，天之道也。誠之者，人之道也。誠者不勉而中，不思而
得，從容中道，聖人也。誠之者，擇善而固執之者也。**

　　鄭注：言誠者，天性也。誠之者，學而誠之者也。因誠
身說，有大至誠。

　　謹案："天何言哉！四時行焉，百物生焉。"誠信而不二，
天之道也。人效之，亦誠信而不二，此人之道也。然中庸以
爲善，而已入於純順自然者，爲之天道。不勉而中，不思而
得，從容中道，此聖之自然者也，所謂"堯、舜性之"也。其尚
未入於純順自然者，擇善而固執之，此聖之未自然者也，所謂
"湯、武反之"也。然則此純順自然者，果否出於生知安行，
抑出於習慣成自然，好在及其成功一也。

**博學之，審問之，慎思之，明辨之，篤行之。有弗學，學之弗
能弗措也。有弗問，問之弗知弗措也。有弗思，思之弗得弗
措也。有弗辨，辨之弗明弗措也。有弗行，行之弗篤弗措也。
人一能之，己百之。人十能之，己千之。果能此道矣，雖愚必
明，雖柔必强。**

　　鄭注：此勸人學誠其身也。果，猶決也。

　　謹案：此誠之之方法也。誠者出於天生自然，無方法可

言，故但言誠之之方法也。先之以學問，繼之以思辨，終之以力行。乃至學弗能，弗措；問弗知，弗措；思弗得，弗措；辨弗明，弗措；行弗篤，弗措。甚且人一能之，己百之；人十能之，己千之。是其擇善而固執之，爲何如也。如是而愚者明，柔者强。古今更無逾於此求誠之良法，今之人曷弗求誠而厚自勉哉？

十一章　贊　化

自誠明，謂之性。自明誠，謂之教。誠則明矣，明則誠矣。

　鄭注：自，由也。由至誠而有明德，是聖人之性者也。由明德而有至誠，是賢人學以知之也。有至誠，則必有明德。有明德，則必有至誠。

　謹案：自誠明者，本隱以之顯，由至誠而有明德，不思而得，不勉而中，從容中道。雖孔子猶且七十從心不逾矩，要爲生知之聖也。自明誠者，推見至隱，由明德而有至誠，擇善而固執之，雖愚必明，雖柔必强，困知勉行，及其成功，習慣成自然。若顏子者，三月不違仁，其庶幾乎？

唯天下至誠，爲能盡其性。能盡其性，則能盡人之性。能盡人之性，則能盡物之性。能盡物之性，則可以贊天地之化育。可以贊天地之化育，則可以與天地參矣。

　鄭注：盡性者，謂順理之使不失其所也。贊，助也；育，生也。助天地之化生，謂聖人受命在王位，致太平。

　　謹案：此承自誠明而申言之也。盡其性者，盡己之性也。盡人之性者，盡他人之性也。盡物之性者，盡人以外萬物之性也。夫己者，人中之一員也；人者，物中之一屬也。由己而推至人，由人而推至物，其範圍愈推愈廣，至物而極矣。《管子》曰："有聞道而好爲家者，一家之人也。有聞道而好爲鄉者，一鄉之人也。有聞道而好爲國者，一國之人也。有聞道而好爲天下者，天下之人也。有聞道而好定萬物者，天地之配也。"《形勢篇》。蓋率性之謂道，"能盡其性"者，聞道者也。"能盡人之性"者，聞道而爲鄉國天下之人也。"能盡物之性"者，好定萬物者也。定萬物者，天地之配，故可以贊天地之化育，而可與天地參矣。孔子繫《易》曰："立天之道，曰陰與陽。立人之道，曰仁與義。立地之道，曰柔與剛。"此非亦謂人能贊天地之化育，可與天地相參乎？

其次致曲。曲能有誠，誠則形，形則著，著則明，明則動，動則變，變則化，唯天下至誠爲能化。

　　鄭注：其次，謂自明誠者也。致，至也。曲，猶小小之事也。不能盡性而有至誠，於有義焉而已。形，謂人見其功也。盡性之誠，人不能見也。著，形之大也。明，著之顯者也。動，動人心也。變，改惡爲善也。變之久，則化而性善也。

　　謹案：此承"自誠明"而申言之也。致、至通用字。周人制禮，"經禮三百，曲禮三千"，"事爲之制，曲爲之防"，委曲小節，無弗具焉。故“齊明盛服，非禮不動”。“一日克己復禮，而天下歸仁焉。”然君子不能行其遠者大者，以費於時而隱，不得已而致力於其小者微者，若顏回之得一善，拳拳服膺弗失，是其選也。雖夫婦之愚不肖，可以與知能行，及其至也，察乎天地。故說之曰“其次致曲”，曲能有誠，自明誠也。誠於中者形於外，故誠則形，形則著，著則明也。天下之至愚而誠敬懇篤，磨礱世故，一旦變動光明，足以感服天下之人心而轉移其風氣。故明則動，動則變，變則化也。惟天下至誠爲能化，則與盡性贊化者同功。故困知勉行，及其成功一也。鄭注云：“不能盡性而有至誠，於有義焉而已。”蓋據《表記》之文而云然。孔子曰：“《春秋》，其事齊桓、晉文，其文則史，其義則丘竊取之矣。”是亦致曲矣。後世不修邊幅，蔑棄禮義，今與外化比侔，相形見絀，必也闡章六藝百家之文，發揚東方民族之光，其庶幾克救敗矣乎！

至誠之道，可以前知。國家將興，必有禎祥；國家將亡，必有妖孽。見乎蓍龜，動乎四體。禍福將至，善必先知之，不善必先知之。故至誠如神。

　　鄭注：可以前知者，言天不欺至誠者也，前亦先知。禎祥妖孽，蓍龜之占，雖其時有小人愚主，皆爲至誠能知者出也。四體，謂龜之四足。春占後左，夏占前左，秋占前右，冬占後右。

　　謹案：古者太卜掌《三易》，故至誠之道可以前知者，憑筮龜之占卜而言，非無憑而云然也。"國家將興，必有禎祥；
國家將亡，必有妖孽"，胥現乎筮龜。而見乎龜之四體者，古
有專術，今不可得而知矣。《管子》曰："專於意，一於心，耳
目端，知遠之證。能專乎？能一乎？能毋卜筮而知吉凶乎？
能止乎？能已乎？能毋問於人而自得於己乎？"《心術下篇》。
此道家之言，遠優於儒家必問之筮龜者。豈心靈透視，能斷
國家大事，或近於釋氏能知三世因果者歟？至誠如神者，惟
至誠者可擬於神矣。

十二章　配　天

誠者，自成也，而道自道也。

　　鄭注：言人能至誠，所以自成也。有道藝，所以自道達。

　　謹案：成、誠同聲字，道、導古今字。天下國家之本在
身，故誠身有道，凡以自成、自導也。《周官》以德行、道藝二
者對言，德以行言，道以理言。故道所以自導者，率性之謂道
也，能盡其性也。

誠者物之終始，不誠無物。

　　鄭注：物，萬物也，亦事也。大人無誠，萬物不生。小人
不誠，則事不成。

　　謹案：誠者，天之道也。誠之者，人之道也。天生萬物，
以誠始也。人成萬物，以誠終也，故曰"誠者物之終始"。縱

令天生萬物而人不成物，則物豈爲我有哉？《左氏傳》曰：
"祀夏配天，不失舊物。"《哀元年》。孔子曰："自古皆有死，民
無信不立。"古來亡國敗家者，非皆以不誠無信乎？故曰"不
誠無物"。

是故君子誠之爲貴。

　　鄭注：言貴至誠。

　　謹案："至誠如神"，"不誠無物"，故以一誠字爲貴也。誠
者，心也。心通於神，神體物而不可遺，故心亦通於物。無誠
心，則一切無有也，是儒家之心物一貫主義也。故中庸者，可
謂以唯心論而統攝唯物論者也。

誠者，非自成己而已也，所以成物也。成己，仁也；成物，知
也。性之德也，合外内之道也。

　　鄭注：以至誠成己，則仁道立；以至誠成物，則知彌博。
此五性之所以爲德也，外内所須而合也。外内，猶上下。

　　謹案："物者，大共名也。"《荀子·正名篇》。"凡有貌、象、
聲、色者，皆是也。"《莊子·達生篇》。故人者，物中之一屬也，
"而已"者，又人中之小別也。是以物者，本爲絕對無限制之
名詞。然古人行文，隨時活用，有不能執一而論者。故有別
"人"於"物"者，則"人"與"物"二者爲對待之名詞，如前云
"能盡人之性，能盡物之性"，其物係專指人以外之事，物不
包有人而言也。又有別"己"於"物"者，則"己"與"物"二者

爲對待之名詞,如此云"成己,仁也;成物,知也",其物係專指己以外之事,包有人及一切事物而言也。一部《易經》,反覆言"物",大抵指國家社會,故不必除袪人而言也。天生萬物,"天命之謂性,率性之謂道",内盡己之性,外盡物之性,故"成己,仁也;成物,知也"。性之德也,合内外之道也,所以爲中庸也,所以爲心物一貫也。然仁、知二者,五性、五德之見端也,猶宫、商、角、徵、羽五聲,而古人行文,恒但曰宫商,或曰宫徵。若執仁、知以外,更無他德,則大不可也。故鄭注"天命之謂性",舉"木神仁,金神義,火神禮,水神信,土神知",而此亦因仁、知而并舉五性也。

故時措之,宜也。

鄭注:時措,吉得其時而用也。

謹案:"合外内之道"而"時措"之,"修道之謂教"也。堯、舜性之也;湯、武反之也;孔子學不厭,誨不倦:皆以時措之而各得其宜也。

故至誠無息。不息則久,久則徵,徵則悠遠,悠遠則博厚,博厚則高明。

鄭注:徵,猶效驗也。此言至誠之德,既著於四方,其高厚日以廣大也。徵或爲徹。

謹案:此成己也。"天行健,君子以自强不息",故"至誠無息"。"修道之謂教","道也者,不可須臾離也"。不息則可大可久，日計不足，歲計有餘，積誠所致，金石爲開。鄭注"徵或爲徹"，作徹爲長，王引之、俞樾説同。今據改正。徹者，通也。排萬難而貫徹一切主張，故能悠遠。悠遠者，長遠也，"悠遠"而"博厚"而"高明"，則皆時間性之展延，而變爲空間性之擴大也。孔子教之傳至今日，非其明驗歟？

博厚所以載物也，高明所以覆物也，悠久所以成物也。博厚配地，高明配天，悠久無疆。

鄭注：後言悠久者，言至誠之德既至，博厚高明配乎天地，又欲其長久行之。

謹案：此成物也。載物覆物，皆以成物也。君子躬自厚而薄責於人，故於成己，則曰無息，曰久，曰徹，曰悠遠，曰博厚，曰高明。而於成物也，但曰博厚，曰高明，曰悠久，三者皆取諸身以覆物而已。故曰："以其真，修之身。以其餘，修之家。以其土苴，治天下。"惟墨曰"殺己以利天下"，佛曰"衆生不成佛我不成佛"，於成物獨厚焉。悠久即悠遠之變詞，非別一事也。

如此者，不見而章，不動而變，無爲而成。天地之道，可一言而盡也。

鄭注：言其德化與天地相似，可一言而盡，要在至誠。

謹案：曰不見，曰不動，曰無爲，皆消極也；而章、而變、而成，皆積極也。今哲學者謂之曰消極之積極，老子謂之玄。

孔子曰："無爲而治者，其舜也與？"其實只是一誠字。積誠
所致，習慣成自然，故亦可謂曰自然主義也。希臘初期哲學，
從事於自然界之探討。中國則自伏羲畫卦以來，從自然界之
外物返證於内心。唐虞三代之聖哲，更從内心而擴之於外
物。儒家遂以一誠字，通貫心物兩界焉。然儒者經傳曰誠，
道家、法家則曰真。誠、真二字殊，其義一也。一言而盡，鄭
注"要在至誠"是也。

其爲物不貳，則其生物不測。

　　鄭注：言至誠無貳，乃能生萬物，多無數也。

　　謹案："其爲物"者，天、地、人也。《釋文》云："不貳，本
亦作貳，音二。"是鄭所見本皆作貳，乃傳本俱作貳者，相沿之
訛也。今據改。王引之曰："貳當爲貣之訛，貣音他得切，即忒
之假借字，貣與測爲韵。"是也。孔子曰："天何言哉！四時行
焉，百物生焉。"證以《豫》之《彖》曰："天地以順動，故日月不
過，而四時不忒。"不忒者，即此不貣也。惟天地之爲物，不息
而久，而徵，而悠遠，而博厚，而高明，四時行而百物生，無變
其常，此不貣之謂也。生物不測，則多至不可數計也。

天地之道，博也厚也，高也明也，悠也久也。

　　鄭注：此言其著見成功也。

　　謹案：此析言天地之道著見成功者。配天者亦當與之
同德，所以其教化能與天壤同其不敝也。

今夫天，斯昭昭之多，及其無窮也，日月星辰繫焉，萬物覆焉。今夫地，一撮土之多，及其廣大①，載華岳而不重，振河海而不泄，萬物載焉。今夫山，一拳石之多，及其廣大，草木生之，禽獸居之，寶藏興焉。今夫水，一勺之多，及其不測，黿鼉蛟龍魚鼈生焉，貨財殖焉。

鄭注：此言天之高明，本生昭昭；地之博厚，本由撮土；山之廣大，本起卷石；水之不測，本由一勺。言天地山川積小致大，爲至誠者以如此乎？昭昭，猶耿耿，小明也。振，猶收也。卷，猶區也。

謹案：四多字皆以少爲多，蓋猶以亂爲治之例也。周季中國之地，西起華岳，東盡河海。華者，豫州山鎮也，岳者，雍州山鎮也，見《周官·職方氏》。由天地而推至山水，反覆說明生物不測，其謂天地山水皆積小致大②，必非事實。中國古代有元氣說，近世科學家有星霧說，迥不相侔。子思《中庸》蓋仍用元氣說，由一氣而剖分爲兩儀，輕清者上浮而爲天，重濁者下凝而爲地。故天以昭昭之多而起，地以一撮土之多而起，山以一拳石之多而起，水以一勺之多而起，是由元氣說，一變而爲緣起說也。《中庸》說人起於性命天道，故說天地山川亦用緣起說。視今科學家謂地球起於星霧，原爲瓦斯體，且屬於太陽系中之一行星，必不能合矣。故由今科學家說，則天本至虛絶遠，有何日月星辰繫焉，萬物覆焉？山水

---

① 通行本作廣厚。
② 積小致大，原作積大，從《國專月刊》本。

之構成，由於地殻之皺紋，具有專書，兹可不贅。

十三章　明　哲

《詩》曰："惟天之命，於穆不已。"蓋曰天之所以爲天也。"於乎不顯，文王之德之純。"蓋曰文王之所以爲文也，純亦不已。

鄭注：天所以爲天，文王所以爲文，皆由行之無已，爲之不止，如天地山川之云也。《易》曰"君子以順德，積小以成高大"是與？

謹案：此一引《周頌·維天之命》之詩，一引《周頌·文王》之詩。"維天之命，於穆不已"，此天之所以爲天也。"於乎不顯，文王之德之純"，於乎同烏虖，贊嘆文王之率性修道，至誠無息也，此文王之所以爲"文"也。鼎彝款識文王字多作✿，正即忞字。《說文》云："忞，彊也。"即勉强也，愈可證文王之文，非取義於文飾，而實取義於"忞勉"也。

大哉！聖人之道，洋洋乎發育萬物，峻極于天。

鄭注：育，生也。峻，高大也。

謹案：文王，聖人也。贊嘆聖人之道，至誠無息，積小致大，大而能發育萬物，洋洋乎其盛也。其高峻乃極至於天，明周之所以受天命也。孔子曰："文王既没，文不在兹乎？"此子思推崇文王，即預爲頌其聖祖孔子地步也。

優優大哉！禮儀三百，威儀三千。待其人，然後行。故曰：
"苟不至德，至道不凝焉。"

鄭注：言爲政在人，政由禮也。凝，猶成也。

謹案：優優，饒多也，謂多且大哉！"禮儀三百，威儀三千"，蓋周禮創始於太王，擴大於文王，而完成於周公，周公成文、武之德也。《禮器》曰："經禮三百，曲禮三千。"《經解》曰："禮經三百，曲禮三千。"《本命》曰："禮經三百，威儀三千。"《大戴禮記》。稱名雖殊，而其實一也。孔穎達曰："禮儀三百，《周禮》有三百六十官，言三百者，舉其成數耳。威儀三千者，即儀禮，行事之威儀，《儀禮》雖十七篇，其中事有三千。"《禮記》疏。孔説是也。禮以經國家，儀之言度也，故"禮儀三百"，猶今組織大綱也。威、委通用字，委曲繁重，故"威儀三千"，猶今實行細則也。"威儀"兼指《曲禮》《少儀》《內則》《玉藻》《弟子職》之屬。《孝經》曰"五刑之屬三千"，則禮刑之繁，相等矣。孔子謂公西赤曰："禮儀三百，可勉能也。威儀三千，則難也。"然孔子生知之聖，固無難也。晏嬰詆"孔子盛容飾，繁登降之禮、趨翔之節，累世不能殫其學，當年不能究其禮"。《史記·孔子世家》。可證此。一則曰"待其人而後行"，再則曰"苟不至德，至道不凝焉"，皆指孔子而言也。文王三百、三千之禮，待孔子之至德而後行也。

故君子尊德性而道問學，致廣大而盡精微，極高明而道中庸，
溫故而知新，敦厚以崇禮。

鄭注：德性，謂性至誠者。道，猶由也。問學，學誠者也。廣大，猶博厚也。溫，讀如“燖溫”之溫，謂故學之執矣，後“時習之”謂之溫。

謹案：尊德性者，五德五性也。禮儀出天性也，自誠明也。道問學者，學問思辨也，自明誠也。致廣大者，極禮之廣大也。“語大，天下莫能載也。”盡精微者，窮禮之精微也。“語小，天下莫能破也。”極高明者，高明配天也。不言博厚者，略也。道中庸者，由仁義行，君子之中庸，君子而時中也。敦、篤一聲之轉，敦厚，即篤厚也。篤行以崇禮者，禮經國家，定社稷，利人民，故可崇也。至今不廢禮義，非其明徵哉？

是故居上不驕，爲下不倍。國有道，其言足以興；國無道，其默足以容。

鄭注：興，謂起在位也。

謹案：居上不驕泰，爲下不倍畔者，亦中庸也，亦崇禮也。“國有道，其言足以興；國無道，其默足以容”者，君子之中庸，君子而時中也，莫非極高明而道中庸，敦厚以崇禮也。

《詩》曰：“既明且哲，以保其身。”其此之謂與？

鄭注：保，安也。

謹案：《左氏傳》曰：“照臨四方曰明。”明白四達，誠者之所以自成也。《書·皋陶謨》曰：“知人則哲。”哲者知人，誠者之所以成物也。《下武》之詩曰“世有哲王”，《瞻卬》之詩曰“哲夫成城”，鄭箋云：“哲，謂多謀慮也。”多謀慮而保身，

所以成己也，成己所以成物也。必若孔子不得行其道，猶且
學不厭，誨不倦，務保身而成物矣。

十四章　徵　信

**子曰："愚而好自用，賤而好自專，生乎今之世，反古之道，如
此者，災及其身者也。"**

鄭注：反古之道，謂曉一孔之人，不知今王之新政可從。

謹案："愚而好自用，賤而好自專"者，蓋指彼索隱行怪
者，若子桑户等，游乎方之外，同人道於牛馬，而與鳥獸同群
者也。生今之世而不從今，欲還反乎古之道。福莫大乎智，
禍莫大乎愚，崇高莫大乎富貴。故愚賤者，災及其身者也，儒
者不然。《儒行》云："今人與居，古人與稽。"孔子對哀公曰：
"生乎今之世，志古之道。居今之俗，服古之道。舍此而爲
非者，不亦鮮乎？"《大戴禮·哀公問五義》。生今之世者，周之
世也；志古之道者，堯、舜之道也。故仲尼祖述堯、舜，憲章
文、武，上律天時，下襲水土，所以爲中庸中道也。子思述
《中庸》之時中主義、從周主義，正即荀子法後王之先河。
然則荀子并子思、孟子而排之者，僅以性善一端，非其全量
也。《中庸》言"禮儀三百，威儀三千"，何等條理繁密，與孟
子於周室之班爵禄，誣言諸侯皆去其籍，但聞其略，相去遠
矣。然則子思、孟子非直接授受，孟子自言"予私淑諸人"
者，確也。

非天子，不議禮，不制度，不考文。

鄭注：此天下所共行，天子乃能一之也。禮，謂人所服行也。度，國家宮室及車輿也。文，書名也。

謹案：《荀子》曰："循法則、度量、刑辟、圖籍。"《榮辱篇》。蓋法則者，禮也；度量、刑辟者，度也；圖籍者，文也。然此蓋孔子平日之語，及晚年始作《春秋》，則異於是矣。故孔子曰："《春秋》者，天子之事也。知我者其惟《春秋》乎！罪我者其惟《春秋》乎！"更逮戰國，墨家自有法，雖韓非亦自著書立法度矣，《韓非子·難三篇》。若民主國更自由矣。

今天下，車同軌，書同文，行同倫。

鄭注：今，孔子謂其時。

謹案：《管子》曰："戈兵一度，書同名，車同軌，此至正也。"《君臣上篇》。孔子卒春秋末，子思生戰國初，蓋猶見同軌之盛。然降逮七國，"田疇異畝，車涂異軌，律令異法，衣冠殊制，言語異聲，文字異形"。《說文叙》。殆不存同軌同文之迹矣。惟行同倫，猶未大變歟？

雖有其位，苟無其德，不敢作禮樂焉。雖有其德，苟無其位，亦不敢作禮樂焉。

鄭注：言作禮樂者，必聖人在天子之位。

謹案：周備六代之樂、四代之禮，此其作者，皆開創之令主也；其守成者，則不敢作禮樂焉。然此亦大概言之耳，周景王不嘗作無射大鐘耶？戰國之世，禮樂爲無用之物，殆無作者，然秦始皇功成，亦有樂舞，豈可一律論哉？

子曰："吾説夏禮，杞不足徵也。吾學殷禮，有宋存焉。吾學周禮，今用之，吾從周。"

鄭注：徵，猶明也。吾能説夏禮，顧杞之君不足與明之也。吾從周，行今之道。

謹案：《論語》載："子曰：吾説夏禮，杞不足徵也。吾説殷禮，宋不足徵也。文獻不足故也。足則吾能徵之矣。"又載："子曰：周監於二代，郁郁乎文哉！吾從周。"此《中庸》所引，并兩條爲一條，蓋子思居宋，所謂"居是邦者，不非其大夫"，故不曰"宋不足徵"，而易之曰"有宋存焉"。又求語句整齊，故先之曰"吾説夏禮"，繼之曰"吾學殷禮"，曰"吾學周禮"，殆皆可證古人引用成語故事，不必盡依原文，而多可以己意竄易者。雖然，孔子曰"行夏之時，乘殷之輅，服周之冕"，則孔子非絶對從周也，所謂繼周之業，固有損益因革矣。

王天下有三重焉，其寡過矣乎？

鄭注：三重，三王之禮。

謹案：繼周而王者，有三重焉，謂尊重夏、殷、周三代之禮也。議禮、制度、考文，皆當借重爲前車之鑒。猶今中國變法，亦酌采歐、美、日本制度也。孔子雖素王，尚且學夏禮、學殷禮、學周禮，因其重而重之，多見多問，擇善而從，宜可寡過矣。

**上焉者雖善無徵，無徵不信，不信民弗從。下焉者雖善不尊，
不尊不信，不信民弗從。**

　　鄭注：上，謂君也。君雖善，善無明徵，則其善不信也。
下，謂臣也。臣雖善，善而不尊君，則其善亦不信也。徵或
爲登。

　　謹案：孔子曰：“五帝用記，三王用度。”《大戴禮・五帝德》。
五帝僅有記載，三王猶存制度，記載不若制度之信而有徵。
是在三王以上者，若五帝，雖善無徵，故曰“上焉者雖善無
徵，無徵不信，不信民弗從”也。孟子曰“諸侯放恣，處士橫
議”，是周季列國紛爭，百家蜂起，然群言混淆，莫衷一是，則
在三王之下者，雖善不尊，故曰“下焉者雖善不尊，不尊不
信，不信民弗從”也。

**故君子之道，本諸身，徵諸庶民，考諸三王而不繆，建諸天地
而不悖，質諸鬼神而無疑，百世以俟聖人而不惑。質諸鬼神
而無疑，知天也。百世以俟聖人而不惑，知人也。**

　　鄭注：知天、知人，謂知其道也。鬼神，從天地者也。
《易》曰：“故知鬼神之情狀，與天地相似。”聖人則之，百世同
道。徵或爲登。

　　謹案：本諸身者，天下國家之本在身也。徵諸庶民者，
與民同好惡也。考諸三王不謬者，損益三代也。建諸天地而

不悖者,德配天地也。質諸鬼神而無疑者,懷柔百神也。百世以俟聖人而不惑者,若合符節也。知天者,明乎天人之際也。知人者,通乎古今之變也。

是故君子動而世爲天下道,行而世爲天下法,言而世爲天下則。遠之則有望,近之則不厭。

鄭注:用其法度,想思若其將來也。

謹案:此猶言一國之歷史,足爲一民族導其先路也。道猶路也,君子動必有出路可循,故動而世爲天下道也。君子行必有模範可法,故行而世爲天下法也。君子言必有典雅可則,故言而世爲天下則也。天下物望所歸,故遠之則有望也。齊明盛服,非禮不動,終日與處,不忘恭儉,故近之則不厭也。

《詩》曰:"在彼無惡,在此無射。庶幾夙夜,以永終譽。"君子未有不如此,而蚤有譽於天下者也。

鄭注:射,厭也。永,長也。

謹案:此《周頌·振鷺》之詩。"在彼無惡,在此無射",彼處之人無惡之者,此處之人無厭之者,猶言"在邦無怨,在家無怨"也。與人無怨惡,而身又夙夜警戒不怠,庶可以永終譽矣,此詩意也。君子亦必如此而能早有譽於天下,名譽爲第二之生命,豈非君子致中和之前驅乎?

十五章　祖　　述

仲尼祖述堯、舜，憲章文、武，上律天時，下襲水土。

　　鄭注：此以《春秋》之義説孔子之德。孔子曰：“吾志在《春秋》，行在《孝經》。”二經固足以明之。孔子所述堯、舜之道，而制《春秋》，而斷以文王、武王之法度。《春秋傳》曰：“君子曷爲爲春秋？撥亂世，反諸正，莫近諸《春秋》。其諸君子樂道堯、舜之道與？末不亦樂乎堯、舜之知君子也。”又曰：“是子也，繼文王之體，守文王之法度。文王之法，無求而求，故譏之也。”又曰：“王者孰謂？謂文王也。”此孔子兼包堯、舜、文、武之盛德而著之《春秋》，以俟後聖者也。律，述也，述天時，謂編年，四時具也。襲，因也，因水土，謂記諸夏之事、山川之異。

　　謹案：自誠明謂之性，自明誠謂之教。堯、舜性之也，湯、武反之也，賴有教而反之也。然“禹、湯有傳政，不若周之察也”。故儒以“祖述堯、舜，憲章文、武”爲斷，所謂“率性之謂道，修道之謂教”也。《論語》一書，始《學而》篇，終《堯曰》篇，其指歸可知也。且唐、虞禪，夏后殷、周繼，孔子期望大同，天下爲公，選賢舉能，講信修睦，故於禪讓獨祖述堯、舜，而三代之繼，則僅憲章文、武焉。孔子曰：“吾志在《春秋》，行在《孝經》。”乃《孝經緯》文也。鄭注又引《春秋傳》者，見《公羊·哀十四年》《文九年》《隱元年》諸傳文也。《春秋》編年，故曰“上述天時”；記諸國之事，故曰“下襲水土”：文有實指，非虛設矣。

宋翔鳳曰：“《中庸》一篇，明《春秋》之義也。”可與鄭注互證。

辟如天地之無不持載，無不覆幬；辟如四時之錯行，如日月之代明。萬物并育而不相害，道并行而不相悖，小德川流，大德敦化，此天地之所以爲大也。

　　鄭注：聖人制作，其德配天地如此，惟五始可以當焉。幬，亦覆也。小德川流，浸潤萌芽，喻諸侯也。大德敦化，厚生萬物，喻天子也。幬或作燾。

　　謹案：此頌仲尼贊天地之化育，可以與天地參，故“辟如天地之無不持載，無不覆幬；辟如四時之錯行，如日月之代明”。“萬物并育而不相害，道并行而不相悖”，明仲尼道貫百王，化流萬代，兼容并包，無乎不宜也。小德川流者，萬象昭回，布濩六合，新陳代謝，川流不息也。大德敦化者，天覆地載，寒暑迭代，相反相成，無聲無臭也。鄭注“唯五始可以當之”，孔穎達曰：“五始者，元年一也，春二也，王三也，正月四也，公即位五也。”即以《春秋》釋之也。今日科學時代，天者積虛而已，絕遠而已，本無有所謂蒼蒼莽莽之天也，而地亦止一太陽系中之行星，無所謂廣大無垠也。故此天地、四時、日月、萬物云云，僅爲頌揚孔子聖德之形容語而已。

唯天下至聖，爲能聰明睿知，足以有臨也；寬裕温柔，足以有容也；發強剛毅，足以有執也；齊莊中正，足以有敬也；文理密察，足以有別也。

　　鄭注：言德不如此，不可以君天下也。蓋傷孔子有其德而無其命。

謹案：此頌孔子至聖之德也。鄭注謂"孔子有其德而無其命"，是也。孔子主張大道之行，天下爲公，選賢與能，講信修睦，堯、舜大同之治。故《論語》《荀子》兩書，以《堯曰》《堯問》終焉。然在周季大人世及以爲禮之時代，不能實現也，則待諸千萬世之後。今民國廢君主，立民主，中山先生即直紹孔子之統者也。中山先生之睿知，之寬温，之剛毅，之莊正，之文理，固無一不與孔子先後媲美揚徽者也。

溥博淵泉，而時出之。

鄭注：言其臨下普遍，思慮深重，非得其時，不出政教。

謹案："溥博淵泉"，解見下文。"而時出之"，則君子之中庸，君子而時中也。孟子亦曰："孔子，聖之時者也。"質言之，則孔子者，時世命運之所造成也。

溥博如天，淵泉如淵。見而民莫不敬，言而民莫不信，行而民莫不説。是以聲名洋溢乎中國，施及蠻貊；舟車所至，人力所通；天之所覆，地之所載，日月所照，霜露所隊；凡有血氣者，莫不尊親，故曰配天。

鄭注：如天，取其運照不已也；如淵，取其清深不測也。尊親，尊而親之。

謹案：此頌孔子至聖之德配天也。"鳶飛戾天，魚躍於淵"，言其上下察也。"溥博如天，淵泉如淵"，亦爲上極於天,下極於地也。《吕覽》曰:"孔丘、墨翟無地爲君,無官爲長,天下丈夫、女子莫不延頸舉踵,而願安利之。"《順説篇》。是《中庸》此文所頌"見而民莫不敬,言而民莫不信,行而民莫不悦。聲名洋溢乎中國,施及蠻貊,舟車所至,人力所通,天之所覆,地之所載,日月所照,霜露所隊,凡有血氣,莫不尊親"者,洵當代之實録,而非子思一人之虚語也。迄今五洲棣通,國體鼎新,而孔子之爲萬世師表,萬國尊仰如故也。豈非子思作《中庸》,早已預言於三千年之前哉?

唯天下至誠,爲能經綸天下之大經,立天下之大本,知天地之化育。

鄭注:至誠,性至誠,謂孔子也。大經,謂六藝,而指《春秋》也。大本,《孝經》也。

謹案:此頌孔子聖德之自誠明也,故爲"唯天下至誠而能經綸天下之大經,立天下之大本,知天地之化育",可與前言"唯天下至誠,爲能盡其性。能盡其性,則能盡人之性。能盡人之性,則能盡物之性。能盡物之性,則可以贊天地之化育"云云同參。鄭注云:"大經,謂六藝,而指《春秋》也。大本,《孝經》也。"夷考《老子》曰:"六經,先王之陳迹也。"莊子曰:"《春秋》,先王經世之志。"則以大經爲即六藝,且指《春秋》者,確也。更考孔子曰:"君子務本,本立而道生。孝弟也者,其爲人之本歟?"《説苑·建本篇》。是則以大本爲即《孝經》,亦無不合也。總之,曰"知天地之化育",則六藝、《春秋》《孝經》皆贊天地之化育者也。

夫焉有所倚，肫肫其仁，淵淵其淵，浩浩其天。

　　鄭注：安有所倚，言無所偏倚也。故人人自以被德尤厚，似偏頗者。肫肫，讀如“誨爾忳忳”之忳。忳忳，懇誠貌也。肫肫或爲純純。

　　謹案：此頌孔子贊天地之化育，大中至正，而無所偏倚也。“君子中立而不倚，强哉矯”，夫焉有所倚哉？誨不倦，仁也，故鄭注肫肫讀爲“誨爾忳忳”之忳也。但今作“誨爾諄諄”，則諄、肫、忳三字相通也。孔子雖不在位，而教人之深仁厚澤，蟠天際地。故曰“淵淵其淵”，深不可測也；“浩浩其天”，廣大無垠也。三千年之教主，豈非於《中庸》一書早論定之哉？

苟不固聰明聖知達天德者，其孰能知之？

　　鄭注：言唯聖人乃能知聖人也。《春秋傳》曰“末不亦樂乎堯、舜之知君子”，明凡人不知。

　　謹案：此頌孔子聖知達天德，故能贊天地之化育。雖以至聖聰明睿知不在位，但贊天地之化育，終爲凡有血氣者所尊親也。孔子曰：“下學而上達，知我者其天乎？”此孔子聖知達天德之證也。鄭注引《春秋傳》，乃《公羊·哀公十四年》傳文。末，發聲語辭，無意義。末不亦者，猶言不亦也，謂不亦樂乎後世堯、舜之知君子，則所望乎後世有聖如堯、舜者,乃能知孔子也,此唯聖知聖之義。然《管子》曰:"夫民,別而聽之則愚,合而聽之則聖。"至今凡有血氣者,咸知尊親孔子,非斯民合聽之聖猶自在天壤哉?

十六章　潛　昭

《詩》云"衣錦尚絅",惡其文之著也。故君子之道,闇然而日章;小人之道,的然而日亡。

鄭注:言君子深遠難知,小人淺近易知。人所以不知孔子,以其深遠。禪爲絅,錦衣之美,而君子以絅表之,爲其文章露見,似小人也。

謹案:此《衛風·碩人》之詩。但"衣錦尚絅",當作"衣錦絅尚",尚、裳通用字。俞樾説。今本絅、尚二字訛倒,相沿久矣。"的然"之的,亦當作昀。闇然,韜晦也;的然,暴白也。"君子戒慎乎其所不睹,恐懼乎其所不聞","莫顯乎隱,莫顯乎微","故君子之道,闇然而日章"也。小人閑居爲不善,見君子而後厭然,掩其不善而著其善,故"小人之道,的然而日亡"也。

君子之道,淡而不厭,簡而文,温而理,知遠之近,知風之自,知微之顯,可與入德矣。

鄭注:淡,其味似薄也。簡而文,温而理,猶簡而辨,直而温也。自,謂所從來也。三知者,皆言其睹末察本,探端知緒也。入德，入聖人之德。

　　謹案：淡、惔通用字，亦作澹，恬惔爲上，澹泊明志，此淡也。君子之道三：非禮弗動，學而不厭，故“淡而不厭”也；齊莊中正，文理密察，故“簡而文”也；寬裕溫柔，發强剛毅，故“溫而理”也。入德之知三：登高自卑，行遠自邇，故“知遠之近”也；造端夫婦，察乎天地，故“知風之自”也；至誠無息，博厚高明，故“知微之顯”也。以此三知，可與入德，故知先於仁、勇也。

《詩》云：“潛雖伏矣，亦孔之昭。”故君子內省不疚，無惡於志。

　　鄭注：孔，甚也。昭，明也。言聖人雖隱居，其德亦甚明矣。疚，病也。君子自省，身無怨病，雖不遇世，亦無損害於己志。

　　謹案：此《小雅·正月》之詩。“君子之道費而隱”，然雖潛伏，而德甚昭明。“潛龍勿用”，“貞下起元”。孔子曰：“苟志於仁矣，無惡也。”故君子內自省而無疚於神明，則何惡於初志哉？

君子之所不可及者，其唯人之所不見乎？《詩》云：“相在爾室，尚不愧于屋漏。”

　　鄭注：言君子雖隱居，不失其君子之容德也。相，視也。室西北隅，謂之屋漏。視女在室獨居者，猶不愧于屋漏。屋漏非有人也，況有人乎？

謹案：此《大雅·抑》之詩。小人閑居爲不善，無所不至，君子反是。《曲禮》曰："毋不敬。"又曰："聽於無聲，視於無形。"故君子於人之所不見者，猶以爲十目十手所視指也。《詩》稱"相在爾屋，尚不愧于屋漏"，真君子之行也。

故君子不動而敬，不言而信。《詩》曰："奏假無言，時靡有争。"

鄭注：假，大也。此頌也。言奏大樂於宗廟之中，人皆肅敬，金聲玉色，無有言者，以時太平和合，無所争也。

謹案：此《商頌·烈祖》之詩。"齊明盛服，非禮不動"，故君子不動而敬也。"庸德之行，庸言之謹"，故君子不言而信也。奏、靈一聲之轉，故《詩經》作靈。奏，進也。靈亦作艘，至也。假通作格，作嘏，實叚爲徦，至也。故"奏假"二字或作"奏嘏"，《左氏傳·昭二十年》。蓋猶言進至也。進至於無言，其時靡有争矣。鄭注訓奏假爲奏大樂，失之。

是故君子不賞而民勸，不怒而民威於鈇鉞。《詩》曰："不顯惟德，百辟其刑之。"

鄭注：不顯，言顯也。辟，君也。此頌也。言不顯乎文王之德，百君盡刑，謂諸侯法之也。

謹案：此《周頌·烈文》之詩。君子不賞而民勸者，民自勉於爲善也。不怒而民畏於鈇鉞者，民自畏於犯罪也。孔子

曰：“聽訟，吾猶人也，必也，使無訟乎？”無情者不得盡其辭，
大畏民志，正言化民之奏績也。刑、型通用字，法也。《詩》
言顯文王之德，百君盡儀型文王以爲法也。

**是故君子篤恭而天下平。《詩》曰：“予懷明德，不大聲
以色。”**

鄭注：予，我也。懷，歸也。言我歸有明德者，以其不大
聲爲嚴厲之色以威我也。

謹案：此《大雅・皇矣》之詩。孔子曰：“無爲而治者，其
舜也與？恭己正南面而已矣。夫何爲哉？”此舜之篤恭而天
下平也。然此進十六族、流四凶族之結果也，不能執結果而
遂忘其原因也。孔穎達曰：“言天謂文王曰，我歸就爾之明
德。所以歸之者，以文王不大作音聲以爲嚴厲之色，故歸
之。”然則此天語也，子思引之，所以《中庸》全書發端，即首
揭天命之謂性也。《中庸》一書，謂之兼有宗教教育，誰曰不
宜？且不大聲以色，亦正猶俗言“金剛怒目，不及菩薩低
眉”矣。

子曰：“聲色之於以化民，末也。”《詩》曰：“德輶如毛。”

鄭注：輶，輕也。言化民常以德，德之易舉而用，其輕如
毛耳。

謹案：此《大雅・烝民》之詩。故“君子戒慎乎其所不
睹，恐懼乎其所不聞，視於無形，聽於無聲”，所以爲教化之

至也,故曰"聲色之於以化民,末也",明本之在率性修道也。詩云:"德輶如毛,民鮮克舉之。"此斷章取義,但云德輶如毛,以喻明德之在天下,若毛之輕,為人所不覺也。

毛猶有倫。"上天之載,無聲無臭。"至矣。

鄭注:倫,猶比也。載,讀曰栽,謂生物也。言毛雖輕,尚有所比;有所比,則有重。上天之造生萬物,人無聞其聲音,亦無知其臭氣者。化民之德,清明如神,淵淵浩浩,然後善。

謹案:載、栽通用字,生也。謂喻德於毛,以毛之輕,為人所不覺。然更精言之,則毛猶有所比擬,若上天之栽生萬物,無聲色之可聞見,無臭味之可覺知,不可思議,不可名言,乃真德之至矣。鄭注謂"化民之德,清明如神,淵淵浩浩,然後善",故自孔子沒而微言絕,七十子喪而大義乖,至今年隔三千,復何所得?然而五洲棣通,凡有血氣,莫不尊親,可不謂孔子之至德,克配彼天哉?

附録

中庸篇大義①辛未

　　近世以來，論者輒曰孔子囿於封建思想，因而詆毀之，以爲孔子一代之儒者爾。嗚呼！豈不誣且妄哉！吾觀孔子答顔淵問"爲邦"，則曰夏時、殷輅、周冕、韶舞。答子夏問"禮樂"，則曰五至、三無。答子張問"十世"，則曰："其或繼周者，雖百世可知。"此皆孔子大經制易姓受命之規畫。使其囿於封建思想也，則四代之禮不當以告顔子，愊乎天下不當以告子夏。況春秋時周天子尚在，使其囿於封建思想也，則繼周之説方且觸犯忌諱，何敢以告子張哉？

　　若夫《中庸》一書，子思子所以發明先聖之微言，繼述聖祖之志事者也。其掃除封建思想更有可得而證者，使綜其全篇觀之，自"天命之謂性"至"父母其順矣乎"，《中庸篇》大義已止於此。自"鬼神之爲德"以下則別成一篇，與《中庸》無涉，此乃子思子專言祖德配天，"俟百世之聖人"。雖孔子生

①　據唐氏《宗子思法》（見後）可知，此文與《中庸大義序》乃上、下篇。《中庸大義序》爲上篇，此文爲下篇。此文收入《茹經堂文集三編》卷三經説類，標題爲《中庸篇大義下 辛未》。

前不得位，不能損益三王、制作禮樂而至誠爲學、治天下之道，能使百世天下人皆"齊明盛服"承祭孔子，"凡有血氣者莫不尊親"，孔子之神洋洋乎！與堯、舜、文、武之配天相同。此子思子之微言也。此應別有篇名，但子思子明哲保身，不敢明著篇名而接存乎《中庸篇》之後，以授於傳經之弟子門人耳。康成鄭氏注"祖述堯、舜"四句以爲《孝經》《春秋》之事，淺人詫之，不知此必子思子微言傳《禮》之門人述之，鄭氏尚得之於古禮説者也。以上本阮氏元《中庸説》。至於"有德無位，有位無德，不敢作禮樂"，"本諸身，徵諸庶民，考諸三王而不謬，建諸天地而不悖"，皆所以贊孔子也。"經綸天下之大經，立天下之大本"，由"不動而敬，不言而信"至於"篤恭而天下平"，亦所以擬孔子也。"惟天下至聖，爲能聰明睿智"，極其效至於"聲名洋溢，施及蠻貊"，傷孔子之有其德而無其命也。甚矣！子思子能知聖祖之心也。厥後得子思子傳者惟孟子，故曰："匹夫而有天下者，德必若舜、禹而又有天子薦之者，故仲尼不有天下。"又論伯夷、伊尹與孔子曰："得百里之地而君之，皆能以朝諸侯有天下。"甚矣！孟子能得聖人之心也。先聖後賢，其揆一也。吾於是求之於《易》，考之於《禮》，徵之於《孝經》，驗之於《論語》，質之於《春秋》，無一不與《中庸》相通，無一不破除封建之思想。

孔子作《易·革卦》之《象傳》曰："湯、武革命，應乎天而順乎人。"後世固奉以爲革命之大宗矣。而作《乾卦·文言傳》曰："見龍在田，天下文明。飛龍在天，乃位乎天德。"蓋欲以社會之主進乎天位也。其作《繫辭傳》曰："天地之大德曰生,聖人之大寶曰位。何以守位曰仁。"則聖人之情見乎辭矣。是《易》之大義在破除封建也。

《禮記》之精粹者,無如《禮運》《禮器》。子游作《禮運》述孔子之言曰："大道之行也,與三代之英,丘未之逮也,而有志焉。"有志者,志乎五帝三王之事也。於是慨想"大道之行,天下爲公,選賢與能,外户不閉,是謂大同"。蓋惟天下歸於賢能而後進乎大同之治。故《禮器篇》曰:"禮,時爲大。"湯放桀,武王伐紂,時也。孔子,聖之時者也,何嘗不抱湯、武之志。是《禮》之大義在破除封建也。

《孝經》言"郊祀后稷以配天,宗祀文王於明堂以配上帝,聖人之德無以加於孝"。蓋雖畎畝之中,亦有嚴父配天之義。"言思可道,行思可樂,容止可觀,進退可度,其民畏而愛之,則而象之",王者之威儀,要皆聖人之法式。孝弟慈之,通於神明,光於四海。《詩》云:"自西自東,自南自北,無思不服。"孟子亦引此詩,以孔子擬湯、文矣。是《孝經》之大義在破除封建也。

《論語》:"子曰:鳳鳥不至,河不出圖,吾已矣夫。"自傷可致此,物而不得致也。《堯曰》一篇歷敘堯、舜、禹、湯、武、周之心法,而以"寬則得衆"四者繼之,何哉?子貢善贊聖人者也,曰:"夫子之得邦家者,立之斯立,道之斯行,綏之斯來,動之斯和。"乃躬備大德。上焉堯、舜之不遭而禪不及己,下焉無湯、武之放伐而己之德涸然無所施於人。故常神游於堯、舜三代之隆，而欲以“寬、信、敏、公”四者博施於春秋之世，孔子之志尤可見矣。《中庸》述孔子之言，謂“中庸至德，民鮮能久，道其不行矣夫”。而下文即贊舜之大知，“執其兩端，用其中於民”。蓋中者，天地之道、帝王之治、聖賢之學皆不外是。堯之傳舜曰“允執其中”，而舜亦以命禹。孔子固欲以“時中之德”，上繼堯、舜“允執其中，執兩用中”之道，故曰“時措之宜也”。是《論語》之大義在破除封建也。

孟子言：“《春秋》，天子之事也。”引孔子曰：“知我者其惟《春秋》乎！罪我者其惟《春秋》乎！”董子曰：“孔子爲魯司寇，諸侯害之，大夫雍之。孔子知言之不用，道之不行也。是非二百四十二年之中，以爲天下儀表，貶天子，退諸侯，討大夫，以達王事而已矣。”亦引孔子曰：“吾欲載諸空言，不若見諸行事之深切著明也。”“撥亂世反之正，莫近於《春秋》。《春秋》之中，弒君三十六，亡國五十二，諸侯奔走不得保其社稷者不可勝數。”孔子以匹夫操南面之權，“筆則筆，削則削”，“善善惡惡，賢賢賤不肖，存亡國繼絕世，補敝起廢”，使亂臣賊子禁其欲而不得肆。故後世稱孔子爲“素王”，左丘明爲“素臣”，而公羊家學說以爲孔子“張三世”，由亂而治。是《春秋》之大義在於破除封建，更未有顯著於此者也。

自古以來，道與治合則天下平，道與治分則天下亂。孔子不得位，目擊生民之顛連憔悴，無以拯諸水火之中，故創革命之學說，栖栖皇皇，惟以救國救民爲職志。逮至請討陳恒，欲發魯國之兵而不獲大張其撻伐，於是獲麟絕筆，鬱鬱以終。

後之人讀其書者,靡不悲其志而猥曰"囿於封建思想"。嗚
呼!何其誣且妄歟!善乎柳子厚之言曰:"封建者,繼世而
理。上果賢乎?下果不肖乎?則生人之理亂未可知也。將
欲利其社稷,則又有世大夫世食禄邑以盡其封略,聖賢生於
其時,亦無以立於天下。封建者爲之也。"是孔子破除封建之
學説,柳子固深知其意者也。寧惟柳子,宋周、程、張、朱諸
大儒亦深知孔子之意者也。寧惟周、程、張、朱,明顧、亭林。
陸、桴亭。王、船山。黄梨洲。諸大儒,亦深知孔子之意者也。
而後人因孔子禮儀名教不便於己,遂謂其"囿於封建思想",
欲舉數千年之道德綱紀,一切詆毀而掃除之。無識之士衆口
附和,同然一辭。夫是非直道之公,雖不容泯於天下萬世,然
君子一言之不智,而世道於以日衰,人心於以日惡,世界劫運
於以日開,禍亂相尋,民生已不勝其痛苦。悲夫悲夫!

中庸天命章五辨[①]癸酉

此章不過一百有九字，而性命道德之奥、存養省察之方、聖神功化之極，與夫王道禮樂刑政之原，悉寓其中。其題目有五。本經曰："有弗辨，辨之弗明，弗措也。"是學道之權輿也。

（一）性、情、心之辨

朱子注第二節云："道者，性之德而具於心。"注第四節云："喜怒哀樂，情也；其未發，則性也。"故性、情與心之辨實爲言性學者初基。蓋性者，仁、義、禮、智、信五常之德皆寓於心。性無迹而心有形，氣以成形，則其質或不免有所偏，且易爲物欲所蔽，故必修道而後能復其性。陸稼書先生《學術辨》曰："氣之精英，聚而爲心。是心也，神明不測，變化無方，要之亦氣也。其中所具之理則性也，故程子曰：'性即理

① 此文收入《茹經堂文集三編》卷三經説類。

也.'邵子曰:'心者,性之郭郭.'是心也者,性之所寓而非即性也.性也者,寓於心而非即心也."此説辨心、性界限極爲分明.然文治謂張子"心統性情"一語渾括,尤極簡當.按性、情二字俱從心."天地之大德曰生",性者,生理也,故先儒又曰:"性,生也."人秉純粹至善之性,發而爲藹然惻怛之情.情字從青,青,東方之色,發露於外者也.人當春夏之交,見萬物萌芽,彌望青蔥,欣欣向榮,不覺纏綿悱惻之情油然自生.是何也?以人之情應乎天地之情也.是故性本善而情亦善,性爲未發,情爲已發,而皆統攝於心以爲體用.《孟子・告子上篇》前六章論性,後七章論心,中以公都子問性章作樞紐,曰:"惻隱之心,仁也;羞惡之心,義也;恭敬之心,禮也;是非之心,智也."蓋"仁、義、禮、智非由外鑠我"也,性也;其發爲惻隱、羞惡、恭敬、是非,則情也;而皆管攝於一心,所謂"心,統性情也".明乎孟子言心性學之淵源,即可知子思子傳心性學之師法也.

(二) 戒慎恐懼與慎獨之辨

或問:慎獨功夫是否即戒慎恐懼?曰:不然.若以二節牽合爲一,則經文爲重複矣.蓋"不睹不聞"者,寂然不動者也.至静之時,戒懼爲存養之方.《易》所謂"艮,其止也",率性之功也."見隱顯微"者,感而遂通者也.迹雖未形而幾則已動,慎獨爲省察之方.《易》所謂"復,其見天地之心也”，修道之功也。朱注一則曰“存天命之本然，而不使離於須臾之頃”，一則曰“遏人欲於將萌，而不使其潛滋暗長於隱微之中”。可見存養、省察，截然分兩事矣。或曰：然則朱子何以專言“遏人欲”而不言“存天理”乎？曰：省察之後，加以擴充，人欲既消，天理自長；自欺泯，則心自慊。玩《大學·誠意章》可見，不必重言也。

（三）先儒以戒慎恐懼爲未發，慎獨爲已發辨

或問：未發、已發配上兩節功夫，豈非重複乎？曰：是大不然。上兩節承“率性之道”而言，戒懼、慎獨屬於思慮者也。“喜怒哀樂”節承“修道之教”而言，中和之德屬於性情者也。性情、思慮雖相輔而行，而不可混合爲一。人之思慮，周流萬彙，權衡輕重，所謂“惟精惟一”者，固常有非喜、非怒、非哀、非樂者矣。至於性情，固亦有因思慮而發者，然大都觸於外物，自然而生，非必因思慮而後動。《樂記》所謂“民有血氣心知之性而無哀樂喜怒之常，應感起而物動，然後心術形焉”者也。聖人知天下之大患皆起於民情之乖戾、偏激、顛倒，而世事日以棼亂。爰本性情以立教，而慶賞刑罰生焉，無非欲感人心而底於和平。是以子思子特舉“喜怒哀樂”以揭示性情之本原，猶子游作《禮運》揭示七情之本原，以爲政治之根柢。此蓋聖門相傳之心法也。故思慮之於性情，其

功夫亦截然分爲兩事。惟思慮清明，而後性情能得其中，故子思子於"君子慎獨"之後，始言"喜怒哀樂未發之中"。若蠢愚冥頑之徒，未發時皆昏濁之氣，何有於中？發時更何有於和？是以《大學》慎獨，先言"十目所視，十手所指，其嚴乎"，至於修身、齊家，始言性情偏僻之害，亦此義也。若以思慮、性情含混爲一，則學者迷惑，無入手之方矣。

（四）未發已發學説辨

自子思子祖述《易傳》"無思無爲"章旨，創未發、已發之學説，宋程子實行體驗之，其門人呂與叔先生與伊川先生遂有"未發"答問，商量邃密。見《洛學傳授大義》。厥後伊川傳之楊龜山先生，再傳之羅仲素先生，三傳之李延平先生，朱子從學於延平，遂教以"静中觀喜怒哀樂未發氣象"。朱子初執伊川未定之説，以爲人生自少至老，初無未發之時，所謂未發者，特未嘗發耳，故常於已發時用省察功夫。己丑朱子四十歲，與蔡季通先生論學，忽悟已發之前當有涵養功夫，遂詳繹程子及李先生之説，孜孜而篤行之。其詳備見於《文集》《與張敬夫三書》，又《與湖南諸公論中和書》，又《中和舊説序》，又《已發未發説》。由是而性情之德、中和之蘊，豁然貫通而無疑矣。文治嘗以心驗之，竊謂涵養之功亦兼任性情、思慮兩端。養思慮，欲其虛明廣大而不雜。《易》所謂"貞吉悔亡，未感害也"，"天下何思何慮"是也。養性情，欲其敦厚純粹而無疵。《易》所謂"利貞者，性情也"，"成性存存，道義之門"是也。惜不得起先賢以就正之耳。明高景逸先生《未發說》辨朱子與王陽明先生兩家學説而斷言之，謂"未發"一語實聖門指示見性之法，靜坐觀未發氣象。又程門指示初學者"攝情歸性"之法而辨陽明先生言未發已發，以鐘爲喻，體中有用，動中有靜，尤有體驗。康熙時李榕村先生《中庸説》闡發"七情"，以爲喜、怒、哀三者相循環，愛、惡、欲三者亦相循環，中間以"懼"字爲樞紐功夫，語皆精透縝密。見《榕村全書》中。學者守是而弗失焉，聖功基於此矣。

（五）致中和節辨

朱注："自戒懼而約之，以至於至靜之中，無少偏倚，而其守不失，則極其中而天地位矣。自謹獨而精之，以至於應物之處無少差謬，而無適不然，則極其和而萬物育矣。"以"位天地"屬"致中"，"育萬物"屬"致和"，其説未免過泥。按：本經言"盡人性，盡物性，贊天地之化育"，是即致中和、位育功夫，似不必兩層分剖也。或曰：中國開闢以來，致中和，聖人間世，而不能一遇大同之治。聖人慨想流連，然天地亦何嘗失位？有如俗諺"天翻地覆"之謂耶？不知此天地二字當活看。《易傳》曰："天尊地卑，乾坤定矣。卑高以陳，貴賤位矣。"本乎天者，親上；本乎地者，親下。天地設位而易行乎其中。但使尊卑上下，素位安分，井然秩然，是即所謂"天地位”，豈可以文害辭乎？又或謂：“天地萬物具於吾心，位育亦在吾心，不必推及於外。”此説更謬。夫謂“天地萬物之理備於吾心”固無不可，惟其體則然，而其用要歸於實。況中和者，禮樂之謂也。聖人作樂以應天，制禮以配地。制作者，致之謂也。禮樂行而血氣和平，灾害不生，故曰：“大樂與天地同和，大禮與天地同節。”禮樂明備，天地官矣，是爲致中和之實效。唐、虞之世，地平天成，講信修睦，康樂和親，萬物熙熙皞皞，各得其所，是乃所謂位、所謂育也。老子曰：“天地之間，其猶橐籥乎？”又曰：“萬物并作，吾以觀其復。”若守一心之虛靈，以爲養氣之真宰，則是道家之説矣。

宗子思子法^①

子思子壁立千仞,其氣節,學之法式乎?孟子言:"昔者魯繆公無人乎子思之側,則不能安子思。"又言:"繆公之於子思,亟問,亟餽鼎肉。"子思以爲鼎肉使己僕僕爾亟拜,非養君子之道,"標使者出諸大門之外,北面再拜稽首而不受"。又言:"繆公亟見於子思,曰:'古千乘之國以友士,何如?'子思不悦,曰:'事之云乎,豈曰友之云乎?'"然至居於衛而有齊寇,則曰:"如伋去君,誰與守此?"其忠至義盡,非窮理精深者而能若是乎?孟子養浩然之氣,至大至剛,其即述聖之心傳乎?故曰:氣節,學之法式也。其著述散見於《小戴禮記》者,曰《中庸》《表記》《坊記》《緇衣》四篇,均極精粹而中庸,探性命之大原,發傳道之奥旨,著述憲章、經綸化育尤爲聖祖精神所在。竊嘗疑《表記》諸篇當爲子思中年所作,至困於宋而述《中庸》,則晚年之作也。余嘗撰《中庸大義》,揭序二篇。上篇言《中庸》準《周易》而作,特發以人配

---

① 此文收入《茹經堂文集四編》卷二雜著類。

天之宗旨，而人道教育一曰孝，二曰誠，三曰禮義，四曰政治。以篇幅較繁，特口述大略。<small>別録本經最精要者三章，講貫其奥蘊。</small>下篇則力闢孔子囿於封建思想之説，學者要知執德宜弘，信道宜篤，不可惑於世俗悠謬之論。至《中庸》内含哲理近儒研究者頗多，如謂喜怒哀樂相感召即電學之類，亦頗精核，并宜參考而發明之。

宗子思子法述録^①《小戴禮記·中庸篇》

君子之道，費而隱。

　　門人陳氏柱尊云：費者，明也，《楚辭·招魂》注：“費，光貌。”廣也。《荀子·勸學篇》：“地見其光。”劉台拱云：“光，廣也。”隱者，細也，見《廣韻》。匿也。見《玉篇》。此極合古訓。王氏船山謂：吾儒言隱顯，不言有無，道無寐滅。讀此節與本經首章“莫見乎隱，莫顯乎微”二語，可證其義極精。鄭注以此二語連屬上章，非是。

夫婦之愚，可以與知焉，及其至也，雖聖人亦有所不知焉；夫婦之不肖，可以能行焉，及其至也，雖聖人亦有所不能焉。天地之大也，人猶有所憾。故君子語大，天下莫能載焉；語小，天下莫能破焉。

　　“夫婦之愚，可以與知”，良知也；“夫婦之不肖，可以能行”，良能也。愛親敬長，匹夫匹婦亦能知之而能行之也。及

---

① 此文收入《茹經堂文集四編》卷二雜著類。

其至而聖人亦有所不知,蓋物理之繁賾,聖人有所不及知也;及其至而聖人亦有所不能,蓋人官物曲之巧妙,聖人亦有所不及能也。雖然,聖人不必求盡知,不必求盡能也,惟務盡人之性,盡物之性,以彌世間之缺憾而已。人所憾於天地,張子《西銘》所謂"罷癃殘疾煢獨無告者"也。聖人裁成天地之道,輔相天地之宜,當爲天地彌其缺憾者也。至於天地位、萬物育,而人可無憾矣。故君子語之大者,謂天下載籍所不及載,博之至也;語之小者,天下莫能破其説,精之至也。所謂"致廣大而盡精微"也,即所謂"費而隱"也。

《詩》云:"鳶飛戾天,魚躍于淵。"言其上下察也。

　　古人引《詩》,皆觸類旁通,不囿於一事。如《論語》子貢引《詩》"如切如磋,如琢如磨",以喻貧而樂道,富而好禮。子夏引《詩》"素以爲絢",而即悟"禮後"是也。此節言物各循其性之自然,所謂"率性之道"也。蓋言鳶而道在於鳶也,言魚而道在於魚也。然言鳶而道不限於鳶也,言魚而道不限於魚也。蓋言鳶而鳶之類道無不在也,言魚而魚之類道無不在也。且言鳶而非鳶之類道無不在也,言魚而非魚之類道無不在也。"言其上下察也",見物之各循其性而得其所也。察字之義,近曾文正謂:"治事法有三:曰剖晰,曰簡要,曰總核。剖晰者,切磋琢磨,每一事來須先剖成兩片,由兩片剖成四片,由四片剖成八片,愈剖愈精細;簡要者,事雖千端萬緒,而其要處衹一二語,如人身雖大,而脉絡針穴不過數處,萬卷雖多，而提要鈎元不過數句；總核者，日知其所亡，月無忘其所能，每日所治之事，至一二月當總核一次，總以後勝於前者爲進境，則事無不理矣。"此節當舉"盡人性盡物性"章參讀，贊天地化育，所以補人之缺憾也。

君子之道，造端乎夫婦，及其至也，察乎天地。

"造端夫婦"，憫夫婦之愚不肖而教導之，以擴其知能也。"察乎天地"，補天地間之缺憾也。《易傳》云："裁成天地之道，輔相天地之宜。"《孝經》云："天地明察，神明彰矣。"所以挽救世運，轉否爲泰，必賴有仁孝明道之君子。

以上《中庸》第十二章。

君子素其位而行，不願乎其外。

《易·艮卦·大象傳》曰："君子思不出其位。"位者，天之所命，人之所以自立也。思出其位，則行出其位。行出其位，則違天之命，既無以自立，即無以爲人矣。《履》卦之初爻曰："素履往，无咎。"《象傳》曰："素履之往，獨行願也。"素履者，所謂素位而行也。獨行願者，無慕乎在外之紛華，而獨行我本心之所願也。此《履》卦所以爲德之基也。

素富貴，行乎富貴；素貧賤，行乎貧賤；素夷狄，行乎夷狄；素患難，行乎患難。君子無入而不自得焉。

天命謂性，率性謂道。吾自樂吾之天，養吾之性，修吾之道，故曰自得，非因入富貴、貧賤、夷狄、患難之境而始有所得也。然而天懷之淡定，經富貴、貧賤、夷狄、患難之境而愈覺光明矣。

在上位不陵下，在下位不援上，正己而不求於人，則無怨。上不怨天，下不尤人。

惟不陵下者始能不援上，亦惟不援上者始能不陵下。諂人者常驕人，不驕亦必不諂矣。惟正己始能不求，亦惟不求乃所以爲正。天下之有求於人者皆邪心也，皆邪行也，未有求人而能正己者也。逢人即有求，所以多怨。不怨不尤，其功端在於正己。

故君子居易以俟命，小人行險以徼幸。

《易·繫辭傳》曰：“夫乾，天下之至健也，德行恒易以知險。”蓋天下之迷途多矣，而自君子居之則皆易也，自小人行之則皆險也。何也？蓋世界中固無所謂易，無所謂險也，視乎吾之心而已。君子處世常覺其易者，心乎義也。義者，天下之正路也。心乎義，則其心易，而其境無不易矣。小人處世常覺其險者，心乎利也。利者，天下之危道也。心乎利，則其心險而其境無不險矣。孟子曰：“修身以俟之，所以立命也。”君子之道，始於知命，繼而安命以俟命，又繼而立命，至於終則能造命矣。徼幸者之於富貴，亦或暫時得之，乃不久而大險隨之矣。嗟乎！人之處世，其願處於平安乎？抑願處於危險乎？欲知易與險之分，無他，義與利之間也。

子曰：“射有似乎君子：失諸正鵠，反求諸其身。”

孟子曰：“射者，正己而後發。發而不中，不怨勝己者，反求諸己而已矣。”曰正己，曰不怨，皆取本經之義。惟反求諸身，所以能不怨也。而孔子云似者何也？似者，似焉而已。蓋民生而有血氣，則不能無爭。射者，有形之爭；名利者，無形之爭。然而射者之反求諸身，其志在於正鵠也；君子之反求諸身，其志非在於名利，蓋在於道德，在於學問也。故曰似也。

以上《中庸》第十四章。

唯天下至聖，爲能聰明睿知，足以有臨也；寬裕温柔，足以有容也；發强剛毅，足以有執也；齊莊中正，足以有敬也；文理密察，足以有别也。

聖字本訓爲通明。《論語》孔子曰：“何事於仁，必也聖乎！”此聖字遂爲大而化之之義。其所以繫於至誠者，至聖爲天下之至名，至誠乃天下之至德也。《易》曰：“知臨，大君之宜。”《象》曰：“大君之宜，行中之謂也。”蓋惟聰明睿知，足以能行中庸。《尚書·堯典》曰“直而温，寬而栗”，《論語》曰“寬則得衆”，無寬裕温柔之德，即不足以容衆。《易傳》曰“容民畜衆”，又曰“容保民無疆”，容民者，君人唯一之度量也。發，謂發皇。《尚書·皋陶謨》言九德曰“剛而塞，强而義,擾而毅”,非此不足以執德也。“齊莊中正”,即本經所謂“齊明盛服,非禮不動”,動必以禮,自能中正。敬者,列聖相傳之學。《堯典》屢言“欽哉”,即敬也。湯之德不過“聖敬日躋”,文之德不過“緝熙敬止”而已,學聖者其必學敬乎！文者,物象之本。王者,所以宣教布化於朝廷。理字從玉從里,蓋玉之文理最細,里之經緯最明,窮理者精如治玉,粗如治里,則衆物之表裏精粗無不到,而吾心之全體大用無不明,自能“退藏於密”而萬品以察矣。故曰“足以有別”也。

溥博淵泉,而時出之。

溥博,廣大也。淵泉,深沉也。廣大而不深沈,其弊也流於浮,陽剛之過也;深沈而不廣大,其弊也流於刻,陰柔之過也。能以時出之,則一陰一陽之運行,與四時合其序矣。時者,聖人時中之德,本經所謂“時措之宜”也。

溥博如天,淵泉如淵。見而民莫不敬,言而民莫不信,行而民莫不說。

如天其大何如？如淵其深何如？蓋萬彙托其包羅,百川歸其溪壑矣。民莫不敬、信、說者,蓋至聖能自保其信用,自修其敬德,自養其和悅,而民乃莫不敬、莫不信、莫不悅也,其相感者有素也。

是以聲名洋溢乎中國，施及蠻貊；舟車所至，人力所通；天之所覆，地之所載，日月所照，霜露所隊；凡有血氣者，莫不尊親，故曰配天。

　　《尚書·皋陶謨》之贊堯曰："帝光天之下，至於海隅蒼生，萬邦黎獻。"此所謂"凡有血氣，莫不尊親"也。天以好生爲德，而至聖體之。血氣者，生機也。盈中國、蠻貊，推而至於"舟車所至"六者，皆生機之所在也。以生理感生機，焉有不鼓舞而不尊之、親之者乎？此聲名之洋溢於宇宙間，即生機之洋溢於宇宙間也。配天者，《論語》曰："巍巍乎！惟天爲大，惟堯則之。"休哉！唐、虞之世，其庶幾乎！

　　以上《中庸》第三十一章。